Julian Klaczko

Rome
et la Renaissance

Histoire

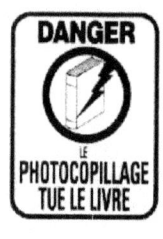

Julian Klaczko

Rome
et la Renaissance

Histoire

Table de Matières

I - Cinquecento, première partie [1]

I. — HISTOIRE D'UNE TOMBE (1505-1506).

Je connais peu de lectures aussi décevantes que les *Légations* de Machiavel qui ont rapport au pape Jules II. Envoyé par son gouvernement auprès du conclave de 1503, et témoin de l'élection et des premiers actes du nouveau pontife, le secrétaire d'État florentin, dans ses dépêches, se montre surtout préoccupé de son cher César Borgia. Il l'a connu, l'année précédente, en Romagne, au faîte de sa prospérité factice et de ses crimes abominables, et a conçu pour lui l'étrange enthousiasme que l'on sait ; il le retrouve maintenant prisonnier du Vatican, déchu de toute puissance, profondément humilié et méprisable, et il le méprise en conséquence ; mais il n'en continue pas moins à subir la fascination première : il la subira tout le long de sa vie ! Quant à ce Giuliano della Rovere qui vient d'être élevé sur le trône de saint Pierre (26 novembre 1503) et que l'Italie appellera bientôt *il pontefice terribile* [2], le fin diplomate des bords de l'Arno n'en fait pas grand cas, en somme, et ne lui porte le moindre intérêt, pas même celui de la curiosité. Il ne se doute guère qu'il est là en présence de quelqu'un d'extraordinaire, — d'un *uomo singulare*, pour employer l'expression favorite du temps ; — c'est tout au plus qu'il lui fait crédit et honneur de quelque bon assassinat politique, du meurtre du duc de Valentinois par exemple. Le bruit en a couru, en effet, à Rome, et le secrétaire d'État aussitôt d'écrire avec allégresse : « Le pape commence à payer ses dettes, et très honorablement ; » mais la nouvelle, par malheur, ne s'est point confirmée... Trois ans plus tard, et chargé d'une seconde mission auprès de la cour de Rome, Machiavel rencontre le pape (à Nepi) déjà en marche sur Pérouse et Bologne, qu'il se propose d'arracher aux Baglioni et aux Bentivogli. Précédé du saint-sacrement, entouré de vingt-deux cardinaux, le successeur des apôtres commande ses troupes en personne, et cela à une époque où empereurs et rois, — un Maximilien d'Autriche, un Louis de France, un Ferdinand d'Espagne, — se tiennent loin du tumulte des batailles, laissent tout faire par leurs généraux. Le piquant spectacle ne suggère à l'envoyé toscan aucune réflexion originale, aucune appréhension ; sa haine même de l'Église, ce sentiment si fort chez lui, si tenace, ne l'avertit pas que le pouvoir temporel des papes va être fondé pour des siècles ! .. Décidément, le politique et l'observateur réputé si infaillible fait preuve, en cette occasion du moins, de très peu de sagacité et de prévoyance. Le prévoyant ici, ou pour mieux dire le *voyant*, c'est bien plutôt cet autre Florentin, nullement homme politique, mais homme de génie, et « terrible » lui aussi. Dans le fameux projet de monument que Michel-Ange esquisse, dès le début du règne (mars 1505), sur la commande et à la gloire de Jules II, celui-ci apparaît déjà tel qu'il restera pour nous dans l'histoire : conquérant farouche des provinces et promoteur magnanime des arts, — vrai *pontifex maximum* de la renaissance. Le projet ne dit rien, et pour cause, du chrétien, du prêtre, du pasteur d'âmes... Le monument commandé, chose bizarre, est une tombe, une fastueuse demeure où doit reposer un jour le pontife élu d'hier, un franciscain ! Bramante et ses amis estiment l'entreprise de mauvais augure : mais Jules II y met toute la fougue de sa volonté, et Michel-Ange toute l'ardeur de son génie. Une pensée d'humilité chrétienne, — la pensée de *memento mori, memento quia pulvis es*, — est, bien entendu, aussi loin de l'esprit du moine couronné que de l'artiste immortel ; le seul mobile, pour l'un comme pour l'autre, c'est le penchant universel de l'époque, le *primum mobile* de l'humanisme : ce culte de la personnalité, cet appel à la postérité que Dante a déjà nommé *lo gran disio dell' eccelenza*. Vous diriez l'orgueil d'un Pharaon servi ici à souhait par l'audace d'un Titan ; et l'œuvre, demeurée débris, vous fera songer peut-être à certain mot de la Bible sur ces puissants de la terre « qui s'édifient des ruines... » Prenez garde cependant ! L'association de ces deux âmes de feu, de ces deux *terribilités*, Rovere et Buonarroti, n'en est pas moins une des plus grandes dates dans l'histoire de l'idéal ; elle résume la splendeur et la fatalité de la renaissance parvenue à son apogée.

Il ne nous est pas défendu de reconstruire en imagination, d'une manière vague, il est vrai, et très défectueuse, l'œuvre telle que l'entrevoyait l'artiste à ce premier moment d'inspiration et d'enthousiasme. Mous avons les récits, concordants, en somme, malgré quelques divergences, de Condivi et de Vasari, dont le premier surtout a écrit d'après les renseignements et presque sous la dictée de Michel-Ange ; nous avons aussi un petit dessin, précieusement conservé aux *Uffizi*, où une partie du monument (la partie d'en bas) est esquissée à la plume, sinon de la main même de Buonarroti, du moins certainement d'après des données authentiques et contemporaines [3]. Nous devons nous figurer une construction isolée, accessible de toutes parts, et mesurant vingt-quatre pieds de large sur trente-six en profondeur ; la hauteur dépasse trente pieds. Le soubassement, haut de treize pieds et séparé de l'étage supérieur par un entablement massif et proéminent, présente sur toutes ses faces une suite continue de vastes niches flanquées d'énormes pilastres en saillie : niches et pilastres proclament la gloire de Jules II sur terre, sa gloire de conquérant et de Mécène. Dans chacune des niches, une Victoire ailée, fière et triomphante, foule aux pieds une province abattue et désarmée ; à chacun des pilastres, un athlète enchaîné, tantôt se tord convulsionné, frémissant, lançant au ciel un regard plein de reproche, et tantôt se penche affaissé et expire : les deux célèbres statues du Louvre, si improprement appelés *les Esclaves*, étaient du nombre. Ces athlètes enchaînés personnifient... les arts libéraux « devenus *prisonniers de la mort*, eux aussi » avec le décès du Rovere : leur grand bienfaiteur disparu, ils se désespèrent et meurent ! .. La partie au-dessus, haute de neuf pieds, nous élève vers un monde supérieur, vers des régions idéales et sereines. A rencontre des Victoires et athlètes du soubassement, présentés tous debout dans des attitudes héroïques et pathétiques, les huit statues principales du second étage sont assises ou profondément recueillies : nous distinguons parmi elles Moïse, saint Paul, la Vie active, la Vie contemplative, peut-être aussi la Prudence et telle vertu allégorique : au milieu se dresse un grand sarcophage destiné à recevoir les restes mortels du pape. Tout en haut enfin, au sommet, Jules II est « tenu en suspens » par deux anges dont les expressions forment contraste : le génie de la Terre est triste et éploré de la perte que vient de faire le monde d'ici-bas, tandis que l'ange du Ciel se réjouit et s'enorgueillit d'introduire un nouvel hôte au séjour des bienheureux. Deux autres anges sont accroupis aux pieds du pontife... Vous n'avez encore là que les lignes générales de cette pyramide en marbre et à personnages célestes et terrestres. Ajoutez à cela des hermès, des *putti*, des masques disséminés partout et en abondance, une profusion aussi d'arabesques, de fleurs, de fruits, et d'autres ornements architectoniques. Ajoutez, de plus, des travaux considérables en bronze : de larges *rilievi* aux scènes diverses, des plaques avec des inscriptions, des balustrades. En combinant les données de Condivi avec les indications du dessin des *Uffizi*, M. Heath Wilson [4] arrive au compte prodigieux de soixante-dix-huit statues, — soixante-dix-huit statues, la plupart de la taille du Moïse du San-Pietro-in-Vincoli et des *Esclaves* du Louvre : un Ossa de géants sur un Pélion de colosses ! .. Sans doute, certains monuments tumulaires des pontifes du quattrocento, — ceux de Nicolas V et de Pie II entre autres, — nous ont déjà fait connaître les proportions toujours grandissantes des sépulcres jadis si modestes et si simples ; toutefois pour saisir la filiation de cette tombe en projet, il faut remonter le courant des siècles, nous reporter à l'ère des Césars, penser aux gigantesques mausolées de certains empereurs : ce mausolée d'Auguste, où s'ébat de nos jours tout un cirque ; ces *Moles Hadriani* où a trouvé place toute une forteresse… Le gigantesque, le démesuré, l'excès, vous obsèdent à chaque pas dans cette vision funéraire. Quelle hyperbole, par exemple, que ces arts « prisonniers de la mort » et rendant leur dernier souffle avec la disparition de Jules II, et que l'on est surpris de voir l'austère Buonarroti imaginer une flatterie si introuvable ! Souvenons-nous, d'ailleurs, que la nouvelle basilique de Saint-Pierre, la voûte de la Sixtine et les stances du Vatican, — les trois plus grands titres du pontife mécène devant la postérité, — ne sont pas encore de ce monde ! C'est aussi avant toute expédition de Bologne et de Mirandole que Michel-Ange célèbre les victoires et conquêtes du Rovere. « Le pape, — observe M. Heath Wilson, non sans malice, — n'a donc pas de secrets pour l'artiste ; il lui confie ses grands projets d'avenir, il est même tellement sûr du succès, qu'il se laisse proclamer dix fois vainqueur dans un dessin fait avant toute déclaration de guerre… » Peut-être bien qu'après tout, et sans autre confidence, l'artiste a seulement mieux pénétré le sens d'une bulle récente (10 janvier 1504) qui avait affirmé les droits imprescriptibles de l'Église contre les usurpateurs de ses domaines. Mais ces domaines arrachés à l'usurpation et recouvrés au nom du droit, pourquoi les représenter précisément en ennemis domptés, foulés aux pieds et mordant la poussière ? Pourquoi, en général, et en face de la mort, exalter uniquement la force, la domination,

la gloire ; ne rien accorder à l'humilité, à la dévotion, à la charité ?
.. Cette absence de tout sentiment religieux, de toute pensée chrétienne, voire de tout emblème catholique dans un tombeau destiné à un pontife, est assurément un des phénomènes les plus curieux de la renaissance. Des deux seules figures bibliques de cette vaste composition, le Moïse que nous connaissons n'a certes rien de l'Évangile, et son pendant, le saint Paul appuyé sur l'épée, ne devait pas différer beaucoup d'expression, selon toute probabilité. Vous cherchez en vain ces statues ou médaillons de la Vierge avec l'enfant, ces reliefs de l'Annonciation ou de l'*Assunta* que les maîtres du *quattrocento* n'ont jamais manqué de placer en pareille occurrence. Dans la description de Condivi, comme sur le dessin des *Uffizi*, je ne trouve pas même la trace d'un crucifix [5] ! ..

Au bout de deux ou trois semaines, le projet du monument est élaboré par l'artiste, approuvé par le pape, et dès le mois d'avril 1505, nous voyons Michel-Ange déjà en pleine activité dans les mines de Carrare. Il y séjourne pendant huit longs mois, dirige les travaux d'excavation, passe des contrats pour les transports, — plusieurs de ces contrats nous ont été conservés, — et expédie pour Rome les blocs à mesure qu'ils sont retirés et dégrossis. Dans une de ses plus belles poésies, Buonarroti a parlé magnifiquement de « ces vivantes figures qui, des profondeurs silencieuses de la pierre, remontent lentement à la lumière du jour, sous les coups redoublés du marteau : » au milieu de ces bancs de marbre ligurien, en lace du golfe azuré, que de *figures vivantes* ainsi voilées encore et que de coups de marteau à donner ! .. Un jour même, il a l'étrange pensée de tailler en forme humaine toute une montagne, tout un immense rocher, fièrement campé entre Carrare et la mer, et de la faire servir de phare aux navigateurs de la *Riviera*… Nous touchons au colosse de Rhodes, aux ouvrages de Cyclopes.

Une œuvre tout autrement colossale et cyclopéenne venait, en attendant, d'être décidée sur les bords du Tibre…

Dans les fréquents entretiens du mois de mars (1505) au sujet du monument, la question de l'emplacement a été plus d'une fois posée et finalement résolue à la satisfaction du pape aussi bien que de l'artiste : le tombeau de Jules II ne pouvait être érigé ailleurs que dans cette basilique du Vatican où reposaient, avec le prince des apôtres, les plus grands pontifes de la chrétienté. Les nefs de l'église ne sont pas assez larges ni assez hautes, il est vrai, pour abriter l'immense pyramide en préparation ; mais déjà Nicolas V avait fait commencer des travaux pour l'agrandissement du chœur (abside ou tribune) : on reprendra les travaux interrompus depuis longtemps, on les mènera promptement à bonne fin, et de manière à se ménager tout l'espace désirable. Après le départ de Michel-Ange pour Carrare, le pape continue à débattre la matière avec ses architectes, avec Giuliano da San-Gallo notamment et Bramante ; mais des objections se font jour alors, des inconvénients surgissent de toutes parts ; l'abside de Nicolas V ne paraît qu'un expédient médiocre et d'un effet douteux ; et c'est ainsi qu'à la suite d'un long échange d'idées, Jules II en arrive à une décision hardie, inoubliable. Il décide d'abattre complètement l'ancienne basilique et d'en construire une toute nouvelle *e più bella e più magnifica*, comme le dit placidement ce bon Condivi. Maître Donato da Urbino, surnommé il Bramante, promet, en effet, de faire une merveille, un prodige, un vrai miracle en pierre : il ne songe à rien moins qu'à élever en l'air le Panthéon d'Agrippa et à le suspendre au-dessus de ce *Tempio della Pace* dont les arcs ruinés font l'admiration et l'épouvante de tout visiteur du Forum…

Abattre la basilique élevée par les mains de Constantin le Grand et du pape Sylvestre ! Démolir l'église à laquelle étaient attachées les traditions les plus augustes et dix fois séculaires de la chrétienté ; troubler le repos de Léon le Grand, de Grégoire le Grand, de Nicolas Ier et de tant d'autres héros de la foi ; toucher au tombeau de l'Apôtre !... Si infatué que fût l'humanisme de son mérite, de sa *virtù*, et si peu respectueux des âges précédents, — dès qu'ils n'étaient pas classiques et païens, — le projet ne laissa pas d'émouvoir profondément les esprits. Tout le sacré-collège se déclara contre, nous affirme Mignanti, qui a puisé aux sources authentiques : « Les cardinaux estimèrent qu'il serait bien difficile de trouver les sommes nécessaires pour une construction d'une pareille importance, puisque le puissant Constantin lui-même, avec toutes les ressources de l'empire, avait déjà eu de la peine à faire ériger sa basilique, bien modeste en comparaison de celle qui était maintenant projetée. De plus, la reconstruction détruirait une foule de souvenirs précieux et honorables, ce qui froisserait les sentiments pieux des fidèles et diminuerait leur zèle à visiter le

sanctuaire… » — Dans le public, l'excitation au premier moment
fut bien plus vive encore, et, pour la calmer, le pape dut faire
déclarer qu'il ajournait le projet afin de mieux l'examiner. Dès le
mois de novembre 1505 pourtant, il annonce déjà solennellement
sa résolution bien arrêtée aux autorités de la ville de Milan et leur
demande de contribuer à la grande œuvre par de larges dons
d'argent.

Je sais bien que de nos jours, — mais de nos jours seulement,
— on s'est avisé de ne voir en tout cela qu'une question purement
technique. Le grand Léon Alberti, écrivant vers le milieu du XVe
siècle, ne dit-il pas dans son traité *de Re œdificatoria* que l'église
vaticane penchait du côté gauche d'une manière inquiétante ; et
n'est-ce pas aussi ce que répète après lui, soixante ans plus tard,
Sigismondo de Conti ? Nicolas V n'avait-il pas déjà projeté, au
dire de son biographe Manetti, la réfection totale de Saint-Pierre ?
Évidemment, l'édifice menaçait ruine de longtemps, et en ordonnant
sa destruction, le Rovere n'a fait que céder à une nécessité devenue
de plus en plus impérieuse… Pourquoi cependant aucun des
contemporains n'insiste-t-il sur la prétendue nécessité ; pourquoi
un argument aussi décisif n'est-il pas invoqué, en 1505, auprès les
cardinaux récalcitrants ? Tous ceux qui, dans ces premiers temps,
nous parlent de l'entreprise gigantesque de Jules II, — historiens,
diplomates ou artistes, — tous sont unanimes à y voir l'effet d'une
inspiration spontanée du pape, de son désir, très légitime à leurs
yeux, de faire grand, de faire magnifique, *più bello e più magnifico*.
Nicolas V a si peu songé à détruire le plus antique temple de la
foi chrétienne à Rome, qu'il n'a cessé de l'orner de mosaïques et
peintures nouvelles : il ne voulait qu'en agrandir l'abside [6] ; et tout
ce qu'il est permis de conclure des affirmations d'un Alberti ou
d'un Conti, c'est que l'église vaticane, dans les derniers temps,
avait besoin de quelques fortes réparations : aucune construction
chrétienne, celle de Bramante moins que toute autre, n'a jamais été
à l'abri de pareils correctifs. Enfin, l'état ruineux irrémédiable de
Saint-Pierre, en 1505, même complètement admis, est-ce que la
piété envers des souvenirs si grands, si augustes, ne commandait
pas, du moins de rebâtir le sanctuaire dans sa forme ancienne et
consacrée, d'en préserver surtout et rétablir les mosaïques, les autels
et les tombes ; et n'est-ce pas ainsi qu'il a toujours été procédé au

moyen âge et à Rome dans la réfection des monuments religieux célèbres ?

J'oserai encore présenter une dernière considération, qui peut-être n'est point sans importance. L'arrêt de Jules II une fois prononcé, la vieille basilique n'a pas été pour cela rasée en un seul jour et d'un seul coup : elle fut démolie par pièces et par parties tout un siècle durant, et à mesure qu'avançait la nouvelle construction. Pendant tout ce siècle aussi, et malgré les ruines accumulées à l'entour, elle n'a cessé d'être le théâtre des grandes pompes pontificales, au déplaisir extrême des ambassadeurs et des *illustrissimi*, très incommodés par les courants d'air, la poussière et les ardeurs du soleil ; au désespoir surtout des maîtres de cérémonies qui, à ces occasions solennelles, ne savaient où donner de la tête. Paris de Grassis, le maître des cérémonies de Jules II et de Léon X, et le Dangeau de ces deux pontificats, ne tarit pas dans son *Journal* sur les embarras que lui causait, à chaque *funzione*, l'installation des échafaudages, planches et tapisseries au milieu de la *maladetta fabbrica*. Le couronnement de Sixte V, en 1585, a encore lieu sur la grande terrasse de la basilique : l'*atrium*, la façade de l'église et la longue nef sont toujours debout ; la dernière partie n'est abattue qu'en 1609, sous Paul V, Borghèse. Or pendant tout le cours de cette longue et lente destruction, nous n'entendons jamais parler d'un effondrement quelconque, d'un pan de mur s'écroulant de lui-même ; jusqu'au bout, le noble édifice ne cède qu'aux coups de la pioche et de la houe : *frangitur, non flectitur*. Je lis dans Bunsen que les poutres de son toit ont été jugées assez bonnes pour servir encore dans la charpente d'un édifice tout nouveau, la charpente du palais Farnèse ! A son retour de Carrare (janvier 1506), Buonarroti voit déjà les démolitions commencées. Il n'y trouve rien à redire, constatons-le dès l'abord ; il sera même fier toute sa vie d'avoir été l'occasion (*venue ad esser cagione*, est l'expression de Condivi) du renouvellement de la basilique. Il est, du reste, plein d'ardeur et de confiance au sujet de son mausolée : il écrit à Florence pour qu'on lui envoie tous ses dessins ; il fait transporter les blocs de marbre des bords du Tibre sur la grande place de Saint-Pierre, près l'église de Sainte-Catherine, où le pape lui a assigné un *studio*. Jules II lui rend de fréquentes visites dans ce *studio* ; il fait même construire un pont-levis pour pouvoir passer directement du Vatican à l'atelier de l'artiste. Il n'a plus toutefois pour le fameux sépulcre l'enthousiasme de l'an passé : il en parle de moins en moins ; il agite des projets tout nouveaux et propose au sculpteur, déjà si célèbre par la création de la *Pietà* et du *David*, d'orner de fresques la voûte de la Sixtine. Il insiste, et Michel-Ange refuse pertinemment, « n'étant pas peintre, » ainsi qu'il le déclarera encore plus d'une fois.

D'où vient le revirement du pape, l'abandon subit d'un dessein si longtemps caressé ? Humeur de despote, changeant de fantaisies au gré du vent, pensent quelques-uns parmi les biographes ; superstition de vieillard, affirme de son côté Condivi, et intrigues infâmes de Bramante qui réussit à faire peur à Jules II d'un tombeau construit encore de son vivant. Je ne le crois guère. Quels que soient les jugements qu'on voudra bien porter sur le Rovere, on ne pourra lui contester une véritable élévation d'âme : dans les choses de l'art, comme dans les choses de la politique, les intérêts universels de l'Église tels qu'il les entendait ont toujours primé chez lui les considérations de convenance ou de grandeur personnelle. Une fois enflammé de cette idée de bâtir au monde catholique un temple comme il n'en a jamais existé, quoi d'étonnant qu'il se fût peu à peu refroidi pour un monument égoïste, destiné seulement à sa propre exaltation ; qu'il en ait eu quelque remords, peut-être même quelque honte ?... Michel-Ange ne tarde pas à s'apercevoir du changement sans en pénétrer la cause, et il reproche surtout à Bramante de le desservir auprès du maître. Il lui reproche aussi, et avec beaucoup plus de raison cette fois, de procéder à l'aveugle dans ses abatages et de détruire plus d'une colonne précieuse qui pourrait servir pour le nouvel édifice.

En effet, la rage destructive de l'immortel architecte était bien digne de la fougue de Jules II, digne aussi de la superbe de l'humanisme, de sa profonde inintelligence d'un grand passé chrétien. Chose à peine croyable, ce n'est que sous Sixte V qu'on s'est avisé de recueillir avec quelque soin les débris de l'ancien sanctuaire, — autels, tombes, mosaïques, statues et reliefs, — et d'en tenir un registre tant soit peu exact ; pendant les quatre-vingts ans précédents on n'a eu aucun souci de ces restes glorieux, on les a laissés se disperser à tous les vents, ou croupir sous les décombres, se briser et détériorer, et maître Donato a donné le plus funeste exemple de ce vandalisme en plein XVIe siècle. Les Romains, qui n'avaient aucune idée du Saint-Pierre de l'avenir et ne voyaient que les ruines affreuses du présent, — qui voyaient en outre des quartiers entiers bouleversés, grâce aux nouvelles rues *Giulia* et *Lungara*, et le Vatican éventré pour la construction du Belvédère, de la cour de Saint-Damase et des galeries sans fin, — prirent bientôt en horreur le terrible démolisseur, vrai Haussmann de la renaissance. Vers la fin du règne de Jules II, le 12 juin 1512, Paris de Grassis écrit dans son *Journal* intime : *Architectum Bramantem, seu potius RUINANTEM, ut communiter vocabatur…*

Une curieuse brochure du temps [7] représente le fameux architecte venant, après sa mort, frapper à la porte du paradis que saint Pierre lui refuse d'ouvrir : — « Pourquoi as-tu détruit mon temple de Rome, qui déjà, par son antiquité seule, appelait à Dieu les âmes les moins croyantes ? C'est à toi que nous devons cette attrape ! » — Après bien des faux-fuyants l'artiste finit par confesser qu'il avait la rage des démolitions, la fureur de ruiner le monde ; il aurait bien voulu ruiner aussi le pape… — « Et tu n'y es pas parvenu ? — Non, parce que Jules, pour faire la nouvelle église, n'a pas mis la main à sa bourse bien gonflée, mais seulement aux indulgences et aux confessionaux… » — Rien de plus piquant que la conclusion du spirituel pamphlet : c'est Bramante, qui, en fin de compte, prétend faire ses conditions pour son entrée au paradis ; impénitent et impertinent, il veut *kaussmanniser* jusqu'au ciel ! — « Avant tout, je veux abolir cette rue si âpre et difficile qui de la terre conduit au ciel ; j'en ferai une autre si douce et si large que les âmes des faibles et des vieux pourront arriver ici à califourchon. Je pense également abattre ce paradis et en faire un nouveau avec des habitations plus belles et plus gaies pour vos *beati*. — Et où veux-tu que restent mes locataires pendant que tu fabriqueras tout cela ? — Oh ! vos locataires sont habitués aux incommodités et en ont vu de belles ! Écorchés les uns, macérés les autres, ils n'ont acquis leur droit de cité ici qu'à force de malaises de tout genre. D'ailleurs, dans cet air si salubre, point n'est à craindre qu'ils attrapent un rhume… Cela ne vous va pas ? Je vous quitte alors et m'en vais en enfer ! .. »

Avez-vous remarqué l'allusion aux indulgences qui payaient les frais de la nouvelle église ? Et ce trait part de Milan, de ce côté des Alpes, à l'adresse de Jules II déjà, avant toute thèse de Luther ! .. Cent cinquante ans plus tard, voici comment s'exprimera à ce sujet un jésuite, un cardinal, l'illustre historien du concile de Trente, Sforza Pallavicini : « Cet édifice matériel de Saint-Pierre a détruit une grande partie de son édifice spirituel. Pour se procurer les millions prodigieux qu'exigeait une construction si énorme, on a dû recourir à des moyens qui ont donné la première occasion à l'hérésie de Luther et infligé à l'Église, dans la suite, la perte de tant de millions d'âmes. »

Au prix de quel déchirement, dans la grande famille chrétienne, allait s'élever le temple dont Jules II vint poser la première pierre, le samedi *in albis*1506 !

Il vint en procession solennelle, accompagné de trente-cinq cardinaux. Après une messe du Saint-Esprit, célébrée par le cardinal Francesco Soderini, le Rovere s'approcha d'une fosse large et profonde « et qui ressemblait à un vrai précipice : » elle a été creusée à l'endroit où se dresse maintenant, sous la coupole, la statue de sainte Véronique. Le vieillard au corps usé et à l'âme de fer descendit par une échelle dans cette fosse : « Et comme tout le monde craignait un éboulement, dit Paris de Grassis, le pape cria à ceux d'en haut de ne pas trop s'avancer sur les bords. » Les médailles et inscriptions d'usage furent déposées ; et, après avoir consacré les fondements, Jules II remonta.

Ceci se passait le 18 avril 1506 ; la veille, le 17, Michel-Ange s'était enfui de Rome ! .. Irrité, désespéré, pris de terreurs inexplicables, il partit tout à coup et clandestinement, laissant là son *studio*, ses blocs de marbre et le monument fatidique, qui, pendant bien des années dans la suite, projettera encore son ombre sur la carrière douloureuse de l'artiste. Cette tombe, devait dire plus tard Buonarroti, a été la tragédie de sa vie. Elle fut peut-être bien aussi la tragédie de la renaissance et du catholicisme.

II. — L'ANCIENNE BASILIQUE.

En traversant ce matin, sous un soleil brûlant, la place de Saint-Pierre, j'en voulus plus que jamais à l'empereur Henri IV d'avoir détruit, pendant le siège de 1083, l'imposant portique qui, jusqu'au temps de Grégoire VII, avait relié la basilique du Vatican au pont des Anges sur la rive droite du Tibre. La galerie n'était pas des plus régulières et faisait un coude près l'église Santa-Maria-Transpontina, — je me figure qu'elle ressemblait quelque peu à cette suite d'arcades qui, à Bologne, va de la porte Saragozza jusqu'aux hauteurs de la Madonna di San-Lucca : — mais qu'elle devait être bien appréciée par tous ceux qui

Dall' un lato tutti hanno la fronte

Verso il Castello, e vanno a San-Pietro,

Dall' altra sponda vanno verso 'l monte…

Comment les successeurs du pape Alexandre VII n'ont-ils pas songé à relever un ouvrage qui, outre son utilité évidente, eût encore rehaussé la splendeur de cette place déjà unique au monde ? Imaginez, au lieu de l'affreux pâté de maisons entre les deux rues de Borgo vecchio et Borgo nuovo, un double portique allant de la Piazza Pia rejoindre la colonnade de Bernini : quels propylées pour le Parthénon chrétien, et que la coupole de Michel-Ange, aujourd'hui écrasée par le manque d'une perspective convenable, apparaîtrait alors du plus loin dans toute sa majestueuse grandeur !… Il n'a pas dépendu du comte de Tournon, le vigoureux et intelligent préfet de Rome pendant la captivité de Pie VII, que ce magnifique programme ne fût réalisé au commencement de notre siècle : le décret de Napoléon sanctionnant le projet porte la date du 8 août 1811 ; la fatale campagne de Russie en décida autrement.

Je me suis donné aujourd'hui la mélancolique distraction de rebâtir par la pensée, et sur les lieux mêmes, l'ancienne basilique de Saint-Pierre telle que l'avait connue la génération de Jules II avant l'arrêt suprême de 1505. Le second volume de Bunsen [8] m'a été un guide des plus précieux dans cette *promenade archéologique*, et m'a surtout fait saisir au vif la fortune extraordinaire de ce petit coin de terre aux origines si humbles et aux destinées si merveilleuses. Le Capitole et le Palatin, le Quirinal, l'Aventin et le Cœlius, l'Esquilin et le Viminal brillaient d'un éclat déjà dix fois séculaire, que le *Mons Vaticanus* était encore « hors les murs » et hors l'histoire : Tite-Live n'en fait presque pas mention. Deux noms seuls, — l'un le plus pur, l'autre le plus abject des annales romaines, — avaient laissé des souvenirs dans la région au-delà du Tibre : Cincinnatus y avait cultivé son modeste champ (*prata Quinctia*), et Néron y avait allumé ses torches vivantes de martyrs chrétiens. La contrée était pestilentielle, malgré les immenses jardins qui en couvraient la surface ; on redoutait jusqu'au vin qu'elle produisait. — *Vaticana bibis, bibis venenum*, écrit Martial ; — les soldats germains et gaulois de Vitellius ont, au dire de Tacite, payé de leur vie l'imprudence d'être allés camper *infamibus Vaticani locis*... C'est dans ce quartier mal famé pourtant, au pied même de l'horrible cirque de Néron, que le pape Sylvestre a élevé son temple du Christ, après la grande victoire de Constantin sur Maxence ; et bientôt de toutes les collines de la ville éternelle, l'univers ne connut plus que cette côte déserte qui gardait la tombe d'un pauvre pêcheur galiléen !

Des constructions innombrables étaient venues depuis, dans une longue suite de siècles, peupler et même encombrer la région jadis si abandonnée : les descriptions qui nous sont faites de la place du Vatican au sortir du moyen âge ne laissent pas d'éveiller la pensée d'un entassement excessif. A droite, au nord, le palais pontifical dressait ses murs crénelés et multipliait ses tours, ses cours et ses *loggie*. A gauche, des annexes et des dépendances sans fin, attachées aux flancs de Saint-Pierre, englobaient le noble monument dans leurs masses disparates et diffuses. Aussi loin que plongeait le regard, on ne voyait que sacristies, presbytères, oratoires, chapelles, églises rondes ou à longue nef, couvents, hospices, mausolées et cimetières : ils obstruaient les avenues, débordaient surtout au sud, du côté du cirque Néronien et en enlaçaient la *guglia*[9]. Au milieu toutefois de cette végétation parasite des bâtisses, la basilique du pape Sylvestre avait conservé sa forme primitive, gardé intactes ses grandes lignes architecturales. Le décor et l'aménagement ont dû souvent être changés et renouvelés : les parties constitutives de l'édifice sont restées les mêmes jusqu'à l'époque de Jules II, on peut dire jusqu'à la fin du XVIe siècle.

Un perron monumental, de trente-cinq marches en cinq sections, tout de marbre et de porphyre, conduisait d'en bas à l'immense plateau portant le sanctuaire. En haut de cet escalier s'étendait une vaste terrasse de plus de seize mètres de profondeur ; là avaient lieu les bénédictions *urbi et orbi*, les couronnements des papes, les réceptions solennelles des empereurs et rois, ainsi que les autres grandes pompes publiques ; Charlemagne y fut salué par le pape Adrien Ier, le dimanche des Pâques 774, après avoir monté à genoux le perron et en avoir embrassé chacune des marches. La *loge des bénédictions*, à trois étages et en arcades, que les anciennes *Vues de Saint-Pierre* placent à droite, dans un coin de la plate-forme, tout près du palais pontifical, ne datait que des derniers temps : elle était l'œuvre de Pie II et de ses successeurs dans la seconde moitié du XVe siècle. Du côté opposé, à gauche, au sud, le vaste *palais de l'archiprêtre*, également un ouvrage du XVe siècle, a remplacé, ce semble, un ancien hospice pour les pèlerins.

Une cour oblongue et découverte, — un *atrium* [10], — précédait la basilique proprement dite ; elle allait du fond de la terrasse jusqu'au seuil de l'église actuelle au-delà du vestibule de Maderna. La cour avait beaucoup souffert de l'outrage du temps et des ravages des hommes ; au commencement du XVIe siècle, elle apparaissait bien déchue de sa splendeur d'autrefois, alors que son intérieur était planté d'une profusion d'arbres symboliques, — palmiers, cyprès, oliviers et rosiers, — et orné tout autour d'un beau portique corinthien. Toutefois la rangée occidentale du *quadriporticus* demeurait encore entière ; du côté opposé, à droite de l'entrée, un clocher de l'époque carlovingienne dessinait dans les airs son élégant profil, et le célèbre *cantharus* du milieu ne cessait d'exciter l'admiration. C'était une magnifique fontaine entourée de huit colonnes de porphyre et abritée sous un toit doré avec force dauphins, paons et dragons. Une colossale pomme de pin en bronze, qu'on disait provenir du mausolée d'Adrien, formait le tronc du jet d'eau : Petrus Mallius, un chanoine du XIIe siècle, parle pertinemment d'un tuyau de plomb introduit dans le corps du cône et des trous pratiqués dans les écailles. Pour donner la mesure du terrible Nemrod, le fondateur de Babel, qu'il avait rencontré au plus profond cercle de l'enfer, Dante dit que la tête du géant lui parut « longue et grosse comme la pomme de pin à Saint-Pierre à Rome, les autres membres étaient à l'avenant. » L'énorme morceau de bronze est parvenu jusqu'à nous et ne laisse pas d'embarrasser nos archéologues : ils ne découvrent pas à la *pigna* les trous affirmés par Petrus Mallius ! N'insistons pas sur le sujet douloureux ; Dante termine précisément son épisode de Nemrod par le vers magistral :

Lasciamolo stare, e non parliamo a vôto… Au sortir de l'*atrium*, on se trouvait au milieu du vestibule (*narthex*) et en face des cinq portes donnant accès à la basilique même. Elle occupait l'espace qui, dans l'église actuelle, va de la *rota porphyretica* au maître-autel, et, en largeur, de l'extrémité sud à l'extrémité nord des grands piliers de Bramante : l'abside et les deux bras du transept ne dépassaient que légèrement le parallélogramme indiqué ici. Le sol descendait beaucoup plus bas qu'aujourd'hui, au niveau de celui qu'on voit encore dans les *sagre grotte* ; et l'élévation du transept mesurait près de trente-huit mètres. Cent colonnes de marbre et de granit, disposées en quatre enfilades, formaient cinq nefs correspondant aux cinq portes d'entrée ; la nef du milieu, presque trois fois plus large que les autres, dominait aussi considérablement les bas-côtés dans le sens vertical, grâce aux deux murs latéraux qui surmontaient l'architrave de sa colonnade et supportaient le toit en charpente, en éclairant l'intérieur par une suite de vingt-deux fenêtres pratiquées dans leur haut. Pour l'ensemble de cet intérieur et de sa distribution organique, — grande nef et bas-côtés, arc triomphal et transept, abside en hémicycle, crypte et maître-autel, — l'édifice du pape Sylvestre est devenu le prototype de toutes les basiliques chrétiennes ; Saint-Paul-hors-les-Murs, notamment, n'en différait (avant l'incendie de 1823) que par l'entablement de ses colonnes : au lieu de l'architrave, elles étaient reliées entre elles par une arcature plus légère et plus élégante.

Le tombeau du prince des apôtres est encore aujourd'hui à la même place qu'il a de tout temps occupée au *Mons Vaticanus* : c'est le seul endroit que Bramante et ses successeurs étaient tenus de respecter. « Ce sépulcre, placé sous l'autel, écrivait saint Grégoire de Tours vers la fin du VIe siècle, est d'une rareté extrême. Celui qui désire y prier ouvre les chancels dont il est entouré et s'approche du tombeau ; après avoir entre-bâillé la petite *fenestella*, il y passe la tête et demande la faveur dont il a besoin. L'effet est immanquable, si seulement l'oraison de la requête a été la juste. » Le moyen âge ne s'est point lassé de doter le tombeau et le maître-autel de toutes les splendeurs imaginables en métaux rares et en pierres précieuses ; les nombreuses spoliations dont la *Confession* a été victime de la part des hordes sarrasines et même chrétiennes n'ont pu décourager à cet égard la piété généreuse des fidèles. Les récits du temps ne tarissent pas sur les richesses innombrables réunies en ce lieu, — tabernacles, ciboires, croix, vases, lampadaires, chérubins et statues, — ils exaltent surtout les magnificences de la clôture du sanctuaire, les *cancelli* dont avait déjà parlé saint Grégoire de Tours et que les papes n'ont cessé d'embellir et d'agrandir dans la suite. On nous décrit une balustrade en porphyre surmontée de colonnes d'albâtre ; au-dessus, une architrave en argent avec calices, fleurs de lis et vases lumineux ; au milieu, une arcade couronnée d'une statue du Sauveur en or avec de grands anges en argent. Les colonnes d'albâtre étaient torses et *vitinées* (enlacées de feuilles de vigne sculptées), et la tradition les faisait venir du temple de Salomon (Hérode ?) ; ce qui est plus sûr, c'est qu'elles ont inspiré l'affreux tabernacle de Bernini. Au lieu de rajuster péniblement, après tant d'autres, les données confuses qui nous sont parvenues sur ce célèbre chancel de Saint-Pierre, j'aime mieux indiquer aux curieux le seul document figuré qu'il soit possible, je crois, de consulter dans la matière : la fresque dans la *Salle de Constantin* qui a pour sujet « la donation de Rome au pape Sylvestre. » La scène se passe dans l'église vaticane ; et là, au fond, en avant de la tribune et du maître-autel, on voit des colonnes torses montées sur un stylobate et soutenant une architrave à laquelle sont suspendues des lampes. La reproduction est-elle exacte en tout point ? Je n'oserais l'affirmer : mais elle est l'œuvre de Jules Romain et de ses compagnons ; elle date du temps où le chancel était encore debout, et elle devrait mettre nos antiquaires en garde contre des essais de restitution par trop fantaisistes. J'allais oublier que Raphaël lui-même s'est évidemment souvenu des *vitineae* de la balustrade dans un de ses *arrazi* où il avait à représenter le porche du temple de Jérusalem [11].

A l'exemple de tous les autres trônes épiscopaux des anciennes églises, la *cathedra Petri* du Vatican, — Galla Placidia en fait déjà mention dans une lettre à Théodose le Grand, — fut primitivement installée dans la tribune, derrière la Confession et le maître-autel. Pour des raisons que je ne m'explique pas, elle a été après transférée d'un oratoire à l'autre de la vieille basilique et n'a repris la place traditionnelle de l'abside que dans le Saint-Pierre nouveau ; Bernini lui a construit alors la monstrueuse enveloppe que l'on sait, et d'où elle ne fut plus retirée qu'une seule fois, en juin 1867, au centenaire de l'apôtre. J'étais à Rome pendant le centenaire, et j'ai pu contempler de plus près la célèbre chaire dérobée aux regards depuis deux siècles. C'est un grand siège à porteurs (*sella gestatoria*) de chêne jaunâtre et vermoulu ; le châssis du devant est d'un bois noir d'acacia. Sur les bords du dossier, ainsi que sur le châssis, on voit des listels et de petits carrés d'ivoire, sculptés ou gravés, et représentant des combats d'animaux, des luttes de Centaures, des signes du Zodiaque et les douze travaux d'Hercule. Le choix des sujets peut paraître bien singulier pour la chaire du prince des apôtres ; mais les morceaux ont été évidemment rapportés là après coup de quelque ciste ou meuble antique ; plusieurs de ces plaques ont même été mises tout de travers et à l'envers, et Hercule exécute certains de ses travaux la tête en bas et les pieds en l'air. Ce n'en est pas moins le trône le plus ancien et le plus auguste du monde ; il me manque quelque peu dans le fameux exorde de Macaulay sur le Nouveau-Zélandais de l'avenir.

Des autels latéraux étaient venus de bonne heure s'ajouter au maître-autel central de la Confession : au temps de Jules II, on en comptait jusqu'à vingt ; les plus célèbres étaient les oratoires consacrés aux quatre grandes reliques qu'enferment maintenant les quatre piliers de la coupole. Chose étrange, deux de ces grandes reliques n'ont été déposées à Saint-Pierre que vers la fin du XVe siècle et par des mains bien profanes : un Paléologue schismatique, un despote fugitif de Morée apporta à Rome, en 1461, le crâne de saint André ; la Sainte-Lance fut un cadeau du sultan Bajazet, le fils du conquérant de Constantinople ! En revanche, l'oratoire de la Sainte-Croix et l'autel du *Santo Volto* dataient du VIe et du VIIe siècle. Arrivé au plus haut cercle du paradis, devant la rose blanche de la milice sacrée, en face de Béatrice et de saint Bernard, Dante s'écrie : « Je fus comme celui qui, venu des confins de la Croatie pour voir *notre Véronique*, ne peut rassasier ses yeux du spectacle d'une gloire si antique et ne cesse de se dire : Tels étaient donc vos traits, ô Christ, mon Seigneur et vrai Dieu ! .. » De la *Veronica nostra*, la dévotion populaire s'est portée depuis à la statue en bronze de l'apôtre si bien connue aujourd'hui, mais qui, au moyen âge, fut loin de jouir d'une « gloire aussi antique ; » au commencement du XVIe siècle, elle n'avait pas encore de place dans l'église vaticane [12].

Le grand tombeau de la Confession avait, lui aussi, son cortège, un immense cortège funéraire. Des deux cent cinquante pontifes qui, avant Jules II, s'étaient succédé sur le trône de Saint-Pierre, quatre-vingt-douze reposaient sur le plateau du Vatican, devenu, depuis

le Ve siècle surtout, le *Campo Santo* ordinaire des papes. Du fond
de l'*atrium*, les tombes s'étaient avancées avec le temps jusqu'au
vestibule, avaient pénétré dans l'église elle-même, rempli les bas-
côtés et la grande nef : on avait là devant soi toute une histoire
monumentale, une des plus complètes et des plus saisissantes [13].
De simples pierres tumulaires d'abord, des dalles rudes et plates,
ou des coffres imitant la forme du sarcophage ; plus tard, des
sarcophages véritables empruntés aux premiers chrétiens, voire
à l'époque du paganisme, et tant bien que mal adaptés ; du reste,
le moins d'ornements possible. Les inscriptions sont à l'avenant,
dans un latin âpre et barbare, singulièrement vigoureux pourtant
et expressif. Peu à peu, le marbre s'anime, prend corps : une figure
apparaît sur le couvercle du cercueil, couchée tout du long, avec
étole et chasuble ; la tête couronnée de la tiare et doucement
reposée sur un oreiller ; les mains toujours gantées croisées sur
la poitrine, la droite sur la gauche, et au milieu du gant un bijou
rond et en saillie ; au doigt l'anneau du pasteur. L'art des Cosmates
s'exerce pendant un nombre de générations sur cette donnée
simple et belle, élève souvent un élégant baldaquin au-dessus du
sarcophage et en égaie les moulures et les colonnettes de lisérés
en or et en petites pierres coloriées. Puis, tout à coup, un brusque
arrêt et une lacune béante, — l'exil d'Avignon, le grand schisme ;
— et lorsque la chaîne des sépulcres est de nouveau renouée après
une interruption de plus d'un siècle, la face du monde est changée
comme par enchantement, et la Renaissance vient proclamer la joie
de vivre et le culte de l'antiquité jusque dans la sombre nécropole
des papes !... Que d'œuvres délicieuses tout d'abord, mais aussi
que de signes alarmants ! Telle figure de la théologie en déesse
Diane avec son carquois et ses flèches, sur le tombeau de Sixte IV,
inaugure déjà une des plus fatales aberrations du siècle de Léon X ;
tel cénotaphe de Pie II, monstrueux de proportions et d'orgueil,
prépare déjà la voie au projet gigantesque de Buonarroti qui fera
crouler la basilique...

Pourquoi certains auteurs de renom tiennent-ils donc tant
à déprécier l'église du pape Sylvestre, à l'estimer une œuvre
nécessairement sans mérite, sans caractère, et bien digne d'une
époque de profonde décadence ? Si profonde d'abord que fût la
décadence des autres arts à l'époque de Constantin, l'architecture

y savait encore faire des choses grandes et puissantes : les Thermes
de Dioclétien et le Temple de la paix (de Maxence), au Forum,
ont imposé, jusque dans leurs ruines, au génie d'un Bramante et
d'un Michel-Ange [14]. Une légende très vieille, et que les élèves
de Raphaël ont reproduite clans les Stances [15], raconte que
l'empereur Constantin était venu travailler de ses propres mains
aux fondements de Saint-Pierre et y remplir de terre douze paniers
en mémoire des douze apôtres : il n'a pas négligé, dans tous les cas,
je suppose, d'y faire travailler ses meilleurs architectes. Ce n'étaient
pas, somme toute, des esprits médiocres, ceux qui, les premiers,
ont eu l'idée d'adapter les formes de la basilique profane, — à la
fois bourse, marché et tribunal, — aux besoins tout nouveaux d'un
culte au plus haut point spiritualiste : la conception fut si heureuse,
si magistrale, qu'elle a prévalu en principe et jusqu'à nos jours dans
toutes nos constructions religieuses. Sans doute, l'exécution dans
le détail, dans l'ornementation, dans les parties qui touchaient
de près à la sculpture, était bien défectueuse et se ressentait du
dépérissement général de tout sens plastique. Les cent colonnes
de l'intérieur étaient probablement rapportées toutes ou en partie ;
les chapiteaux étaient de styles divers, de valeur et de grandeur très
inégales : mais cette forêt de cent monolithes n'en devait pas moins
produire un effet immense, subjuguant. Qu'on songe seulement
à l'impression que nous fait sous ce rapport Saint-Paul-hors-les-
murs, malgré son ensemble si déplorablement modernisé, malgré
le ton criard de ses ornements, le luisant et le miroitant de son
plafond, de son pavé et de ses marbres ! .. Le toit en charpente, le
pavé en *opus alexandrinum*, et jusqu'à la vétusté des matériaux ont
dû, dès les premiers jours, estomper l'intérieur de l'église vaticane,
lui créer une atmosphère, j'allais dire une *patine* harmonieuse
que la profusion de peintures et de tentures (*vela*) n'a pas tardé
de rendre encore plus intense. La figure colossale du Christ sur le
trône et donnant la bénédiction, les représentations symboliques
de l'Agneau et des fleuves du paradis, des récits de l'ancien et du
Nouveau-Testament, des scènes de la vie des apôtres, couvraient
les profondeurs de l'abside, les larges surfaces de l'arc triomphal,
les murs exhaussés de la grande nef ; la décoration s'étendait aux
parois du *narthex* et de l'*atrium* : la célèbre *navicella* de Giotto
brillait à l'intérieur de cette cour, à l'est, au-dessus de l'entrée

principale. J'aime à me représenter l'aspect de cette église, — orientée au couchant, comme la plupart des églises des premiers temps, — j'aime à me la représenter pendant la *Missa solemnis*, au moment surtout de l'Élévation, les portes étant alors toutes grandes ouvertes, et le soleil donnant en plein sur le chancel fulgurant et le maître-autel, ainsi que sur les sombres mosaïques de l'arc triomphal et de la tribune : je me figure les nefs de Saint-Paul-hors-les-murs sur lesquelles viendrait se jouer certaine lumière dorée et émoussée de l'intérieur de Saint-Marc à Venise...

C'était le moment aussi où, du fond de l'*atrium*, d'au-dessous la *navicella* de Giotto, s'ébranlait la foule des *pénitents* pour se mettre en marche vers la Confession. Elle suivait une route monumentale, une *via Appia* chrétienne, toute bordée de tombes, et sur ces tombes se lisaient les noms de Léon Ier, Grégoire Ier, Adrien Ier et cent autres pontifes jusqu'à Boniface VIII [16], Nicolas V et le prédécesseur immédiat de Jules II. Les anciens empereurs Honorius et Valentinien III, le préfet de Rome, Junius Bassus, de la grande famille des Anicii, l'empereur allemand Othon II, les rois anglo-saxons Cedvalla et Offa avaient là également leurs mausolées, car il fut un temps où les puissants de la terre recherchèrent les honneurs d'une sépulture au champ sacré du Vatican. Que de choses tous ces noms ne disaient-ils pas au pénitent, au pèlerin, « venu des confins lointains de la Croatie ! » Ils lui rappelaient l'invasion des barbares et leur miraculeuse conversion, les guerres des croisades et les violences du Hohenstaufen et du Capétien ; la restauration de l'empire par Léon III et la restauration des lettres par Nicolas V : les luttes, les épreuves et les triomphes de l'Église. Cette frise de médaillons que le visiteur voyait courir tout le long de l'architrave dans la nef principale, c'était la suite non interrompue des successeurs de l'apôtre ; ce disque de marbre rouge que touchaient ses genoux, c'était la *rota porphyretica* sur laquelle les empereurs, avant le couronnement, venaient réciter le *Credo* et recevoir la bénédiction du cardinal-évêque. Maint oratoire, sculpture, mosaïque et *ex-voto* portait l'inscription des Othons, de Charlemagne ou de Constantin ; tout âge, tout héros de la chrétienté avait laissé sa trace dans cette enceinte ; de chaque pierre y parlait la grande voix de l'histoire, *mirum spargens sonum, per sepulcra regionum...*

De ces oratoires, tombes, sculptures, peintures et inscriptions, nous ne possédons plus aujourd'hui que de misérables débris, des fragments épars et mutilés, et on est parfois bien étonné d'apprendre par quelles transformations a dû passer et où est venue échouer telle noble épave de l'église du pape Sylvestre. Les solives de son toit sont entrées, dit-on, dans la charpente du palais Farnèse ; les quatre monolithes en granit égyptien, placés jadis aux portes de l'*atrium*, sont allés orner la façade de l'*Acqua Paola* ; la fameuse pomme de pin du *cantharus* avec ses deux paons de bronze repose à présent dans la *nicchiola* du jardin du Vatican, et huit des célèbres colonnes *vitinées* de la Confession ont été enfermées dans les balcons baroques qui, à Saint-Pierre, déparent les quatre gigantesques piliers de Bramante. Bien plus étranges encore furent les destinées du tombeau de l'empereur Othon II. Le sarcophage antique qui gardait la dépouille mortelle du jeune monarque jusqu'en 1609, — l'année où fut abattue la dernière partie de l'ancienne basilique, — a été changé depuis en fontaine pour décorer la cour du palais Quirinal, tandis que son superbe couvercle, une colossale urne en porphyre rouge, est devenu le bassin des fonts baptismaux que l'on voit maintenant dans la première chapelle de Saint-Pierre, à gauche de l'entrée : notez que l'urne en question venait du mausolée d'Adrien et avait très probablement contenu les cendres de ce prince ultra-païen ! Comme exemple des prodigieuses métamorphoses dont Rome seule peut donner le spectacle, le bon Ampère aimait à citer ce bassin baptismal auquel étaient attachés les noms de l'ami d'Antinoüs, d'un *kaiser* mystique, « et d'une infinité de marmots transtévérins ! .. » Parmi les restes les plus connus que le nouveau Saint-Pierre a recueillis de l'ancien, il est superflu de signaler la *navicella* et le ciboire de Giotto (ce dernier dans la sacristie), les portes de Filarete [17] et les mausolées en bronze de Sixte IV et d'Innocent VIII ; quant au plus célèbre des tombeaux pontificaux du *quattrocento*, celui de Nicolas V, ses fragments, — avec tant d'autres monuments précieux et horriblement mutilés, — jonchent depuis 1609 le sol de ces *sagre grotte vaticane* qui forment comme une seconde basilique sous l'église supérieure, et que l'on visite à la lueur des torches comme un second Herculanum.

Herculanum étrange, et d'autant plus émouvant que les ruines ici témoignent de la fureur, non point des éléments, mais des hommes, et d'hommes qui, à tant d'égards, nous étaient supérieurs et sont restés nos maîtres ! Comment se fait-il que, dans un siècle si éveillé, alors que tout morceau de marbre antique était recueilli avec piété, et que Raphaël adressait à Léon X son fameux rapport sur la conservation et la restauration des monuments de Borne, comment se fait-il qu'à ce même moment on ait, de propos délibéré, anéanti et brisé tant de restes splendides, vénérables ou sacrés de l'ancienne basilique ? .. Cette question me tourmente toutes les lois que je visite les *sagre grotte* ; elle est venue m'obséder encore aujourd'hui devant les magnifiques tombeaux de Junius Bassus et de Boniface VIII, devant les mosaïques si curieuses de l'autel du *Santo Volto* du VIIe siècle, devant les inscriptions de saint Damase, le restaurateur des catacombes, et de Mathilde « la grande donatrice. » Chose piquante, parmi les plus vieilles de ces inscriptions, j'en ai lu une aussi du pape Grégoire III (733) contre les briseurs d'images et de statues...

Au sortir de ces cryptes, et avant de quitter la cité Léonine, j'ai fait encore une halte de quelques instants dans la bibliothèque vaticane, dans le *salone* que Domenico Fontana a construit au bout d'une année, et que cent peintres, sous la direction de Cesare Nebbio d'Orvieto et Guerreo de Modène, ont aussitôt couvert de fresques de haut en bas. Les fresques sont médiocres ; quelques-unes d'entre elles seulement (au-dessus des portes et des fenêtres) intéressent encore aujourd'hui le curieux, en lui offrant certaines vues de Rome, vers la fin du XVIe siècle. La peinture du couronnement de Sixte V mérite surtout l'attention : elle représente la place de Saint-Pierre dans l'année 1585. A droite, on voit le palais du Vatican ; puis vient la grande terrasse en haut du perron avec la *Loge des bénédictions*, derrière laquelle, mais déjà de l'intérieur de l'*atrium*, s'élève le clocher de Léon IV ; du côté opposé, au sud, s'étend le *palais de l'archiprêtre*, et tout près de là, un peu en arrière et en dehors de la terrasse, on aperçoit la *guglia* encore sur son ancien emplacement. L'espace laissé au milieu, entre le palais de l'archiprêtre et la Loge, est occupé par les trois portes qui donnent accès dans l'*atrium* ; au-dessus de ces portes apparaît en perspective le fronton de la basilique avec une immense fenêtre en rosace et une croix à la jointure des deux corniches. Une foule innombrable, à cheval et à pied, couvre la place et regarde la cérémonie du couronnement qui se passe en haut de la plate-forme et en avant de l'*atrium* sur une magnifique estrade surmontée d'un baldaquin… Ainsi tout est encore comme aux siècles précédais : la solennité a lieu à l'endroit accoutumé, et l'aspect est presque comme du temps des Hohenstaufen et de Charlemagne. Mais là-bas, au loin, à l'arrière-plan du tableau, tout à fait au fond, une tour ronde, gigantesque, se dresse comme une ombre menaçante à l'horizon. Elle n'est pas achevée ; on ne voit que les fenêtres séparées par des piliers accouplés, et la couverture manque : c'est le tambour de la coupole dont Michel-Ange a laissé le modèle en bois, de tout point fini, et que Sixte-Quint a ordonné d'exécuter sans plus de délai. La tour, bien qu'incomplète, domine et écrase la basilique, l'*atrium*, la terrasse et la place : *la terra christiana tutta aduggia…* [18] La construction inaugurée par Bramante n'a cessé, tout un siècle durant, d'envelopper l'église du pape Sylvestre lentement, graduellement, de ses formidables piliers ; déjà les chapelles et les édifices adjacents ont été rasés depuis longtemps ; dans vingt-cinq ans d'ici le dernier coup sera porté, et l'*atrium* croulera sous la pioche de Maderna. Ceci tuera cela.

III. — LA STATUE DE BOLOGNE (1506-1507).

Le 26 août 1506, quatre mois après avoir posé la première pierre de la nouvelle basilique du Vatican, Jules II sortait de Rome à la tête de ses troupes et commençait sa carrière de conquérant : « délaissant, — comme s'exprimera bientôt le chroniqueur français contemporain, — la chaire de saint Pierre pour prendre le titre de Mars, dieu des batailles, desployer aux champs les trois couronnes, et dormir en eschauguette ; et Dieu sait comment ses mitres, croix et crosses estoient belles à veoir parmy les champs… »

Le succès de cette première campagne ou « croisade, » — comme il l'a appelée lui-même, parlant à Machiavel, — est rapide, foudroyant. Giampolo Baglione, le tyran sanguinaire de Pérouse, qui n'a jamais reculé devant aucun danger ni aucun crime, prend peur subitement, court au-devant du pape à Orvieto, lui livre sa ville fortifiée et ne demande qu'à se mettre à sa suite. La même panique saisit à Bologne le vieux Giovanni Bentivoglio au milieu de sa vaillante famille, au milieu de ses nombreux vassaux et soldats. Il se sauve dans le camp français du maréchal Chaumont, et la ville acclame avec frénésie le « pape libérateur. » Jules II entre à Bologne, l'antique *Felsina*, « comme un autre Jules César, » sur un char gigantesque et sous un dais de pourpre. Bien plus classique encore est l'ovation que lui font les Romains à son retour, quelques mois plus tard. L'*arcus Domitiani* sur le Corso (il existait encore alors) « est si splendidement décoré de statues et de tableaux, dit l'historiographe quasi officiel Albertini, que l'on croirait Domitien lui-même revenu pour triompher de nouveau. » Près du château d'Ange, le chêne doré des Rovere se dresse du milieu d'un globe, élevant ses branches jusqu'au sommet de Santa-Maria Transpontina, et du haut d'un quadrige attelé de chevaux blancs, des génies ailés présentent des palmes au pontife victorieux. Le plus grand humaniste du siècle, qui voyageait alors en Italie, est témoin de ces scènes : malgré son ardent amour pour l'antiquité, Érasme de Rotterdam ne peut cacher son profond étonnement (*non sine tacite gemitu spectabam*) de voir le successeur des apôtres entouré d'une pompe tellement païenne.

Pendant que Jules II donnait ainsi au monde le spectacle extraordinaire d'un pape, conquérant comme César, triomphant comme Domitien, Michel-Ange, évadé de Rome et réfugié en Toscane, ne pensait à rien moins qu'à quitter l'Italie et aller prendre du service chez le Grand Turc ! ..

« Giuliano, — écrivait Buonarroti le 2 mai 1506, quinze jours après sa fuite étrange de Rome, à l'architecte Giuliano da San-Gallo, en le chargeant de faire lire ces lignes au pontife lui-même, — j'apprends par votre lettre que le pape a pris très mal mon départ, et que Sa Sainteté est disposée à payer et agir selon la convention, et que je puis revenir sans aucune crainte. Il n'est que trop vrai que le samedi saint j'ai entendu dire au pape, — il était à table et causait avec son joaillier et le maître des cérémonies, — qu'il ne dépenserait plus un *baioco* pour des pierres, petites ou grandes. Cela ne m'a pas peu surpris ; néanmoins, avant de me retirer, j'ai demandé l'argent nécessaire pour la continuation de l'ouvrage, et Sa Sainteté m'a répondu de repasser lundi. Je suis retourné le lundi, le mardi, puis le mercredi aussi et le jeudi, comme il l'a bien su ; enfin, vendredi matin je fus renvoyé, c'est-à-dire chassé, et celui qui l'a fait m'a dit qu'il méconnaissait bien, mais qu'il avait des ordres. C'est ainsi qu'il est arrivé qu'ayant entendu les paroles prononcées le samedi, et que voyant maintenant leur effet, je fus pris de désespoir... » L'artiste a-t-il eu raison de prendre pour son compte le mot sur les pierres *petites ou grandes* ; a-t-il eu raison aussi de revenir tous les jours d'une *semaine des Pâques* pour réclamer de l'argent ? Je n'oserais l'affirmer ; et la suite de la lettre me semble ne laisser aucun doute sur l'excitation morbide de Michel-Ange à cette époque, sur un état d'esprit vraiment halluciné. « Ce n'est pas cependant, continue Buonarroti, la seule cause de mon départ ; il y avait autre chose encore que je ne veux pas écrire. Il suffit de dire que je fus amené à croire que, si je restais à Rome, ma tombe serait prête bien avant celle du pape, et c'est cela qui a été la cause de mon subit départ... » Qu'est-ce à dire ? Redoutait-il le poignard de Bramante ou bien je ne sais quelle trame ténébreuse des familiers du Vatican ? Quelque temps après pourtant, celui qui a écrit cette lettre pleine de craintes folles devait retourner à Rome et y passer plus que la moitié de sa vie sans le moindre accident ! .. Ce n'est pas d'ailleurs la seule fois que nous voyons ce grand homme de génie se porter ainsi à des résolutions extrêmes et inexplicables, par suite de terreurs chimériques. Il prend la fuite en 1494, à l'approche de Charles VIII et parce qu'un joueur de luth du nom de Cardiere lui a conté un songe mystérieux. Il prend la fuite en 1529, alors qu'il dirige les fortifications de Florence assiégée ; il abandonne son poste devant l'ennemi, sur l'avis de « quelqu'un venu du côté de la porte Saint-Nicolas : je ne sais s'il est venu de Dieu ou du diable, » mande-t-il ingénument à son ami Battista della Palla ! L'épisode de Rome, en avril 1506, appartient évidemment à la même catégorie des égarements de l'âme sombre et tourmentée de Buonarroti.

Il m'est impossible de ne pas mettre aussi au compte de ces égarements l'étrange interprétation qu'il a toujours donnée à la proposition de Jules II, concernant la chapelle Sixtine. C'est Bramante, disait-il (et il l'a affirmé encore dans sa vieillesse) qui a perfidement insinué le projet au pape : on lui tendait un piège, en cherchant d'imposer au sculpteur la tâche d'un peintre ; on lui préparait un échec prévu et désiré... Il avait cependant lui-même, et de son propre gré, déjà en 1504, avant de venir à Rome, avant toute *perfidie* de Bramante, défié le plus grand peintre du siècle, composé, en concurrence avec Léonard de Vinci, son carton célèbre de la *Guerre de Pise*. Et ce carton avait aussitôt excité l'admiration du monde, était, à ce moment même, la haute école à laquelle s'instruisaient tous les jeunes talents ; Vasari cite parmi ceux-là Ridolfo Ghirlandajo, Andréa del Sarto, Francia Bigio, Pontormo, et certain élève du Pérugin du nom de Raphaël Santi. En vérité, il ne fallait pas d'infernale intrigue pour faire penser au Rovere que l'auteur de la *Guerre de Pise*, pour la salle du grand Conseil au *Palazzo Vecchio*, pourrait bien attacher quelque chef-d'œuvre à la voûte glorieuse de la Sixtine…

On sait les démarches multipliées de Jules II auprès de Michel-Ange d'abord, auprès de la seigneurie de Florence ensuite et du gonfalonier Soderini, pour ramener l'artiste à son studio de Rome. Le cardinal de Pavie, Alidosi, favori omnipotent du Rovere, en même temps que grand admirateur de l'artiste florentin, s'emploie avec zèle aux négociations. Rien n'y fait ; Buonarroti demeure toujours aigri, apeuré, *impaurito*, comme s'exprime Soderini dans une lettre au pape ; et un jour le gonfalonier apprend que l'artiste négocie avec le sultan Bajazet II, par l'entremise des moines franciscains : il veut aller construire un grand pont à Péra ! .. Et pourquoi pas ? Gentile Bellini n'a-t-il pas été le peintre officiel du conquérant de Constantinople ? N'est-il pas revenu avec des « cadeaux magnifiques et la dignité de chevalier, » tout fier de signer désormais ses œuvres : *eques auratus comesque palatinus* ? Vittore Carpaccio a très probablement, lui aussi, séjourné un certain temps en Orient ; il y a trouvé les modèles pour ses foules enturbannées qui nous amusent tant dans ses délicieux tableaux vénitiens. Le génie le plus universel de cette grande époque, le « divin » Léonard de Vinci, a pensé plus d'une fois aller prendre du service chez le grand-seigneur et lui offrir ses profondes inventions de mécanique et de balistique. Parmi les très rares travaux qui sont parvenus jusqu'à nous du sculpteur Bertoldo, le maître de Michel-Ange au jardin des Médicis, nous trouvons une médaille à l'honneur de Mahomet II. Ces fins esprits de la renaissance, on le voit, furent loin d'éprouver pour l'infidèle, pour l'iconoclaste, la répugnance qu'on serait tenté de leur supposer. La pensée s'arrête néanmoins émue et diversement agitée devant cette hypothèse fantastique d'un Buonarroti transporté soudain sur le Bosphore, y remaniant peut-être l'*Aïa Sophia*, au lieu de la basilique de Saint-Pierre, et à défaut de Vittoria Colonna, recherchant sur ses vieux jours tel mufti ou tel derviche, dans l'entourage de Soliman le Magnifique, pour deviser avec lui sur les graves problèmes de la vie.

Ici, de calices on fait des casques et des épées ; la croix et les épines sont forgées en lances et en boucliers, et le sang du Christ se vend par cuillerées. Aussi la patience du Sauveur s'est-elle lassée ! — Il n'abordera plus ces pays qui s'abreuvent de sa sueur, cette Rome, qui fait trafic de sa peau, et les voies du salut sont désormais fermées ! .. — Si jamais j'avais désiré posséder des richesses, tout travail maintenant m'est ravi, et, à l'égal de la Méduse, *cet homme au manteau* m'a changé en pierre inerte ! — Là-haut, au ciel, la pauvreté est bien venue, assure-t-on ; mais comment espérer dans cette autre vie réparatrice lorsqu'on y est conduit sous de telles enseignes ? ..

Ainsi s'exprime un sonnet recueilli dans les papiers posthumes de Buonarroti et écrit en entier de sa main... Je ne m'explique vraiment pas comment on a pu, jusqu'à ce jour, se méprendre sur la date et le sens de ces vers vengeurs, exaspérés. Ils datent évidemment de cette année 1506 ; ils visent Jules II marchant à la tête de ses troupes contre Pérouse et Bologne : ce sont les adieux que l'artiste ulcéré, déçu dans ses espérances de fortune et de gloire, jette à la face du pape, de l'homme au manteau, au moment de se réfugier auprès du sultan. Ils sont signés : *Finis. Vostro Miccelagniolo in Turchia* [19]. « Mieux vaut pour toi retourner mourir auprès du pape que de t'en aller vivre avec le Grand Turc, » dit à l'artiste le bon *gonfaloniere*. Déjà quelque temps auparavant, il lui avait déclaré qu'il en avait agi avec sa sainteté « comme n'aurait pas osé le faire le roi de France lui-même. Trêve aux pourparlers et prières ; nous ne ferons pas la guerre au pape à cause de toi, ni ne compromettrons le salut de la république : prépare-toi à revenir à Rome... » Sur de nouvelles insistances de Jules II, datées cette fois de l'antique Felsina, Buonarroti cède à la fin et part pour Bologne, « la corde au cou, » ainsi qu'il devait s'exprimer vingt ans après encore dans sa curieuse lettre à Fattucci.

Il arrive à Bologne dans les premiers jours de décembre 1506, et va entendre la messe à l'église San-Petronio. Il y est reconnu par un serviteur du pape qui l'emmène aussitôt devant le maître, désireux de le voir sans retard. Jules II est à table dans le palais des Bentivogli, l'un des plus beaux palais de l'Italie d'alors. Toute la cour assiste au repas du pontife, a Tu as tardé bien longtemps, et il nous a fallu venir à ta rencontre ! » s'écrie le vieillard courroucé à la vue du fugitif. Celui-ci se met à genoux et plaide sa cause : il n'a pas mérité le traitement de la semaine des Pâques. Un des courtisans parmi l'assistance, un prélat, croit devoir venir au secours du coupable : il faut être indulgent pour cette race d'artistes qui ne comprend rien en dehors du métier et manque souvent d'usage… « Comment oses-tu, fulmine Jules II, dire de cet homme des choses que je ne me serais pas permis de dire, moi ? C'est toi qui es un malappris ; va-t'en au diable ! » Sous le coup de cette apostrophe, le malheureux prélat se trouble, chancelle, est conduit hors la salle par les domestiques, et le pape, en signe de pardon, donne au sculpteur la bénédiction apostolique… Ne trouvez-vous pas que le tableau est complet ?

La réconciliation est maintenant faite et parfaite entre les deux hommes « terribles, » et, comme aux beaux jours de Rome, le pape, à Bologne, rend des visites fréquentes à l'artiste dans son atelier derrière la cathédrale : car déjà il l'a attelé à la besogne. Il n'est pas question du fameux monument mortuaire, détrompez-vous ; il s'agit d'un monument tout nouveau, d'une statue de Jules II qui serait placée en haut de la façade de San-Petronio pour célébrer le recouvrement de Bologne par le Saint-Siège. Ce sera un ouvrage en bronze, et comme c'est un ouvrage concerté entre Rovere et Buonarroti, vous vous doutez bien que les proportions n'en peuvent être ordinaires : la statue sera trois lois plus grande que nature. Michel-Ange s'y met avec ardeur ; au bout de quelques semaines, il peut déjà faire voir au maître le modèle en glaise. Le pontife est représenté assis, la triple couronne sur la tête, et la main droite levée. Le geste est superbe, presque violent, et le pape demande si la main entend bénir ou maudire ? Buonarroti répond avec un à-propos singulier, — et de manière à bien démentir la parole du prélat sur le manque d'usage chez les artistes : — « Cette main dit au peuple de Bologne d'*être sage* ; mais que faire tenir à la main gauche ? Un livre ? .. — Une épée, une épée ; je ne suis pas un savant, moi ! » est la réponse caractéristique de Jules II. Mieux inspiré que le pontife, l'artiste, en dernier lieu, préféra donner à la main gauche les clés de saint Pierre.

Resté seul à Bologne, après le départ du pape (février 1507), Michel-Ange poursuit son travail sans relâche, mais dans des conditions toujours plus difficiles et irritantes. Une épidémie ravage la ville ; et il n'est pas sans s'apercevoir aussi que les dispositions des habitants changent et tournent contre le régime à peine établi et acclamé. Il lait venir des aides de Florence, et les renvoie aussitôt ; il se croit, indignement exploité par ses compagnons, mal vu ou desservi par tous ceux qui l'approchent. Pour un mot, maladroit peut-être, mais dit certainement sans la moindre intention de blesser, il rudoie sans pitié ce pauvre Francesco Francia, l'orfèvre et le peintre favori des Bentivogli, les anciens seigneurs du pays. N'a-t-il pas fait, quelques mois auparavant, une scène tout autrement violente à un maître bien autrement grand, illustre ? Léonard de Vinci, entouré de plusieurs amis, avise un jour Buonarroti traversant la place de la Sainte-Trinité, à Florence, et va lui demander l'explication d'un passage difficile de Dante, qui précisément préoccupait sa compagnie. « Explique-le toi-même, — est la réponse vraiment inqualifiable, — toi, qui as voulu fondre une statue équestre en bronze et qui n'y es pas parvenu ; il n'y a que ces idiots de Milanais pour te confier un pareil travail ! .. »

On dirait qu'un sort vengeur ait voulu tourner contre Michel-Ange lui-même la parole si désobligeante pour le grand Lionardo : il ne parvenait pas à fondre le métal dans ses fourneaux de Bologne et dut recourir à l'assistance des gens experts dans la matière, avec lesquels il eut de nouveau plus d'une déception. Ce n'est qu'au bout de quinze mois qu'il put enfin achever son œuvre. Le 21 février 1508, « à l'heure reconnue propice par les astrologues, » la statue de Jules II fut placée dans la niche du portail de San-Petronio, au son de tambours, de trompettes, et de cloches.

Les astrologues avaient mal établi leurs calculs, et le peuple de Bologne, lui aussi, fut loin de rester *sage*. Il se révolta trois ans après (21 mai 1511), traita avec les Français, alors en-guerre avec le pape, et rappela ses anciens maîtres, les Bentivogli : la citadelle seule, récemment construite par Jules II, résista pendant quelque temps. « Or, — raconte le maréchal Fleuranges, dans son langage rude et pittoresque, — il y avoit dans la ville de Boulongne (Bologne), dessus le portail de la grande église, en hault, ung pape de cuivre tout massif, que le pape Jules avoit faict faire, lequel estoit grand comme un géant et se voyoit de la place de la ville. Les Bentivolles, ayant dépit de cela, lui attachèrent des cordes au col, et à force de gens, tirèrent en bas, et lui rompirent le col. Et commença à jurer le sieur de Bentivolle à M. de Nemours (Gaston de Foix), et au sieur Jacques (Jean-Jacques Trivulce, général en chef des Français), qu'il feroit faire un pet au pape devant son chasteau (citadelle) qu'il avoit faict à Boulongne ; car incontinent il le fit fondre, et en fit faire un double canon, lequel en dedans six jours, tira contre le chasteau [20]. »

Comment expliquer que d'une œuvre aussi considérable de Buonarroti, — une des rares statues qu'il eût complètement achevées, et la seule qu'il ait faite en bronze, — il ne nous soit resté aucune gravure, aucune esquisse, ni même une description tant soit peu détaillée et intelligente. ? Vasari, qui ne l'a pas vue, dit, dans son style conventionnel, qu'elle était pleine de majesté et de *terribilità*.

Notes

1.   J'ai eu, ces dernières années, le bonheur de passer plusieurs hivers à Rome, et d'y oublier parfois le présent dans l'étude du quattro et du cinquecento. Des notes prises à cette occasion, — et auxquelles on voudra bien me pardonner de conserver le tour personnel et intime du premier jet, — je détache ici les pages qui traitent de l'époque de Jules II.

2.   Sous le mot terribile, les Italiens du XVIe siècle entendaient une certaine fougue de caractère combinée avec une grande élévation dans les idées. Ils parlaient de la terribilità dans l'art de Michel-Ange. È un uomo terribile, disait de Buonarroti le pape Léon X à Sébastien del Piombo.

3.   Le dessin dans la collection de M. de Beckerath, à Berlin, se rapporte à une époque postérieure et à un projet du monument déjà considérablement réduit et adossé au mur. Il est toutefois au plus haut point intéressant en ce qu'il donne la partie supérieure

du mausolée, et fait comprendre l'expression de l'artiste que Jules II
y était u en suspens » (in sospeso) : deux anges le tiennent par les
bras et le font descendre dans le sarcophage.

4.   Life and Works of Michel Angelo, 2e édition ; Londres,
1881, p. 79.

5.   Ce n'est que dans les projeta postérieurs du monument
réduit qu'apparaît la pensée de placer la sainte Vierge en médaillon
ou en statue. (Voyez le dessin dans la collection de M. de Beckerath
; voyez aussi le monument de San-Pietro-in-Viucoli.)

6.   Bunsen, Beschreibung der Stadt Rom., i,2, remarque
avec raison que Manetti, le biographe trop souvent glorieux qui
prête à Nicolas V les projets les plus fantastiques au sujet de la cité
Léonine, ne dit cependant nulle part que Saint-Pierre eût menacé
ruine.

7.   Simia, par Andréa Guarna de Salerno ; Milan, 1517. Je
cite, d'après les extraits donnés par Bossi. (Il Cenacolo di Leonardo
da Vinci ; Milan, 1810, in-4°, p. 246-9.) Il m'a été impossible de
trouver l'original (latin) ici, à Rome.

8.   Qu'il importe toutefois de corriger en bien des endroits
d'après les travaux plus récens de MM. de Rossi, Müntz, Stevenson,
Kirsch, etc.

9.   Guglia, acuglia (aiguille) était le nom donné autrefois
par le populaire à l'obélisque qui couronnait la spina du cirque
de Néron (ou plutôt de Caligula) au Vatican. On sait que Sixte V
fit transporter l'obélisque à l'endroit qu'il occupe aujourd'hui en
face de Saint-Pierre. Une plaque posée par terre en dehors de la
sacristie actuelle porte l'inscription : Sito dell' obelisco fino all'
anno MDLXXXVI.

10.   L'ancienne basilique chrétienne comprenait un atrium, un
narthex et l'église proprement dite. L'atrium était une grande cour
sans toit, avec une fontaine de lustration (cantharus) au milieu ;
c'était dans cette cour que se tenaient les pénitens. Le narthexou
vestibule, couvert et beaucoup plus étroit, faisait corps avec l'église
et était destiné aux catéchumènes. La basilique de San-Clemente à
Rome donne l'idée la plus nette de cette configuration.

11.   Vatican (galerie des tapisseries) : Saint Pierre guérissant
l'estropié.

12.   On la voyait dans l'église Saint-Martin, à l'ouest du Vatican. La Pietà, de Michel-Ange, qui date de 1499, fut originairement déposée à l'église de Sainte- Pétronille ; elle n'occupe sa place actuelle dans la basilique que depuis 1749.

13.   Voir les tombeaux de Grégoire V, Adrien IV et Boniface VIII dans les grotte vaticane ; celui de Honorius IV dans la chapelle Savelli, à Araceli ; celui de Nico las V dans les sagre grotte ; ceux de Sixte IV et d'Innocent VIII à Saint-Pierre ; ceux de Pie II et de Paul II à San-Andrea-della-Valle. Tous ces monuments étaient originairement dans l'ancien Saint-Pierre.

14.   Je relève le curieux passage qui suit dans le Rapport de Raphaël à Léon X sur les monuments de Rome : « Et bien que les lettres, la sculpture et presque tous les autres arts soient toujours allés en déclinant et en empirant jusqu'aux temps des derniers empereurs, néanmoins, l'architecture se conserva et se maintint con buona ragione ; et on continuait à construire de la même manière qu'auparavant ; entre tous les arts, elle fut la dernière à se perdre… » Et Raphaël cite comme exemple les Thermes de Dioclétien, l'Arc de Constantin (au point de vue de la construction, bien entendu), etc.

15.   Vatican, salle de Constantin, à droite, au-dessous de la fresque du Baptême.

16.   Le tombeau de Grégoire VII manquait à Saint-Pierre ; il est à Salerne : Dilexi justitiam et odivi iniquitatem, propterea morior in exilio… Chose curieuse, le nom de Grégoire VII manque également dans le grand poème de Dante, qui ne fait nulle part mention de Hildebrand ni de l'empereur Henri IV !

17.   A gauche de cette porte, en haut de la façade, on lit aussi la longue et belle inscription de Charlemagne on l'honneur du pape Adrien Ier (de la plume d'Alcuin ?).

18.   L.-B. Alberti a déjà dit de la coupole de Brunellesco : Ampla da coprire con sua ombra tutti i populî toscani.

19.   En publiant pour la première fois ce sonnet, le neveu de Michel-Ange l'a rapporté à l'année 1527 et au sac de Rome ; et ainsi le fait encore M. A. Springer dans son ouvrage à tant d'égards si remarquable. Le dernier et savant éditeur des Rime, M. Guasti (p. 157), explique, d'un autre côté, la signature finis, vostro

Miccelagniolo in Turchia, de la manière suivante : Quà in Roma, che par diventato un paese di Turchi ! ! !

20.   Fleuranges a fait toute la campagne de 1511 et parle on témoin oculaire. Toutefois, M. Gozzadini (Atti e Memoria... di Romagna, 1889, p. 242-5) soutient, d'après des chroniqueurs bolonais, que la statue ne fut détruite que vers la fin de l'année 1511 (30 décembre), bien des mois après la prise du castel, mais toujours sur l'ordre des Bentivogli. Les morceaux en auraient été envoyés à Alphonse, duc de Ferrare, qui en fit faire des coulevrines, une surtout très grande qu'il plaça devant son château et à laquelle il donna le nom de Giulia.

II. Cinquecento, deuxième partie [1].

IV. — AU SEUIL DE LA SIXTINE (1508).

En jetant un regard en arrière sur les trois ans passés au service de Jules II, Michel-Ange, avec le caractère qu'on lui connaît, ne pouvait que toujours garder rancune à *l'homme au manteau*, dont il venait d'élever la figure en bronze au portail de San-Petronio. Les conceptions colossales du mausolée de Saint-Pierre, les fatigues de tant de mois dans les mines de Carrare, les espérances aussi de « posséder des richesses, » — qu'avoue si ingénument le sonnet courroucé de 1506, — elles n'ont abouti, en fin de compte, qu'à un simple monument iconique dans une ville de province, monument que Rome ne connaîtra pas et auquel l'artiste lui-même ne semble pas avoir porté un intérêt très vif. Il est remarquable, en effet, que Buonarroti ne fait presque jamais mention dans la suite de cette statue aussitôt détruite que créée ; lui, qui parlera toujours avec douleur, avec désespoir, de la *tragédie du tombeau*, il ne comptera nulle part, parmi les injures faites à son génie, le sort bien tragique pourtant de son œuvre bolonaise… Et pendant ces trois années si complètement perdues pour sa gloire, les autres à Rome, — les rivaux et les ennemis, — avaient travaillé sans obstacles, obtenu des succès considérables ! Il entretenait de Bologne une correspondance suivie avec Giuliano da San-Gallo, avec le cardinal Alidosi, et était au courant de ce qui se faisait dans la ville éternelle : il savait que Bramante y étendait de plus en plus son activité et son influence, qu'il hébergeait chez lui toute une légion de peintres engagés dernièrement (fin 1507) pour la décoration des nouvelles chambres au palais Vatican, qu'il tenait table ouverte et apparaissait comme l'intendant des arts sous le grand pontificat. Ce qui est plus grave, Rome était dans l'enthousiasme de ce maître Andréa Sansovino, qui, appelé en 1506 de Florence par Jules II, avait déjà achevé, à Santa-Maria-del-Popolo, deux choses magnifiques [2] que le monde des connaisseurs exaltait outre mesure, les plaçant au-dessus de tout ce qui a été produit jusqu'à présent, les proclamant les chefs-d'œuvre du siècle : et c'étaient des œuvres de sculpture, c'étaient des monuments funéraires ! Que Bramante ait employé son art pour l'encadrement tant vanté de ces deux tombeaux, qu'il ait mis son savoir d'architecte au service du sculpteur Andréa, ce ne pouvait être qu'un grief de plus, la preuve d'une conspiration ourdie contre le créateur de la *Pietà* et du *David*…

Il faut, je crois, rapprocher toutes ces circonstances pour s'expliquer le fait assez étrange que, la tâche laborieuse de Bologne accomplie, Michel-Ange ne se soit nullement soucié d'aller à Rome rendre compte au pape de l'achèvement et de l'installation du monument à San-Petronio. Il retourna tout droit à Florence (fin février 1508) et s'y arrangea pour reprendre les travaux commencés trois ans auparavant sur la commande de la cathédrale et de la seigneurie. Jules II ne tarda pas cependant à le mander auprès de lui (fin mars 1508), et Buonarroti obéit aussitôt,.. à contre-cœur, disent les biographes, et dans la douloureuse conviction de l'inutilité de toute résistance. Franchement, j'ai de la peine à l'admettre. Il y avait entre ces deux hommes du destin une attraction mystérieuse plus forte que tel mouvement d'humeur et de dépit ; et puis, chez l'artiste, le désir d'exécuter le fatidique mausolée devait être maintenant, après le succès retentissant de Sansovino, plus ardent que jamais. Les blocs de marbre étaient encore là, à Rome, sur la place près du *studio*, et tant de « figures vivantes » et si longtemps rêvées y attendaient le magique coup de marteau pour secouer leur linceul de pierre ! Il est vrai qu'à cet égard Michel-Ange ne fut que trop vite détrompé. Jules II tenait toujours à son projet de la Sixtine et ne voulait rien entendre à l'excuse *non essendo io pittore*, que lui répétait cette fois encore l'auteur du carton pour le *Palazzo vecchio*. Décidément, ce n'est que contraint et forcé, « la corde au cou, » que Buonarroti devait être amené à produire la plus grande œuvre de la peinture moderne, de la peinture de tous les temps…

« Lors de mon retour à Rome, — racontait-il plus tard dans la lettre déjà citée à Fattucci, — le pape Jules ne me permit pas encore d'exécuter le tombeau, mais me força de peindre la voûte de Sixte, et il fut convenu qu'il me paierait pour cela 3,000 ducats. D'après le premier projet, je devais exécuter les douze apôtres dans les lunettes et remplir le reste avec les ornements d'usage. En abordant le travail, il m'a semblé toutefois, et je le dis aussitôt au pape, que cela ne serait jamais qu'une bien pauvre chose. Il me demanda pourquoi ? et je lui répondis : — « Parce que les apôtres étaient bien pauvres, eux aussi. » Alors il me donna une commande nouvelle : je devais faire ce qu'il me plaisait, il me le paierait en conséquence… » — Dans une note autographe, datée du 10 mai 1508 et conservée au *British-Museum*, l'artiste déclare avoir « reçu 500 ducats, poids juste, en à compte de la peinture dans la chapelle du pape Sixte, à laquelle je commence à travailler ce jourd'hui, d'après les conditions et conventions consignées dans un acte écrit par le Révérend Monseigneur de Pavie (Alidosi) et signé de ma main. »

La volonté opiniâtre du Rovere vient donc de l'emporter : le sculpteur du tombeau fera place désormais (1508-1512) au peintre de la Sixtine. Malade, dévoré par la fièvre, se donnant à peine le temps de manger une croûte de pain, le voilà perché pour un nombre d'années sur un échafaudage d'une hauteur vertigineuse, — « le pont, » comme l'appelle Condivi, — suspendu à la voûte et peignant, la tête toujours renversée. Sa vue en souffrira cruellement, et longtemps après encore il ne pourra lire une lettre ou contempler un dessin autrement que *di giù in sopra*, les yeux levés au plafond. Dans cette chapelle sombre et solitaire, le pape viendra le visiter par moments, au sortir d'un conseil où ont été discutés les incidents graves de la ligue de Cambrai, au retour d'une campagne où a été emportée d'assaut telle ville romagnole. Le vieillard de près de soixante-dix ans et qui en paraissait quatre-vingts, — tellement il était ridé et courbé, — montera résolument les marches raides et tortueuses qui, du mur extérieur, conduisent jusqu'à la corniche des fenêtres, grimpera ensuite une échelle tremblante et se hissera sur l'échafaud à côté du peintre. Un dialogue étrange s'engagera alors sous la voûte : « Quand finiras-tu ? — Quand je pourrai. — Veux-tu donc que je te jette en bas de ces planches ? .. » — Rentré dans ses appartements, le pontife enverra Accursio ou tel autre de ses chambellans pour demander pardon à l'artiste de l'emportement de tout à l'heure, et les brouilles finiront ainsi toujours par des réconciliations, les grands éclats de colère par des *amorevolezze*.

Il y a toutefois, dans ces relations si extraordinaires, si originales, entre Jules II et Michel-Ange un point obscur, irritant et qui ne laisse pas d'embarrasser. Buonarroti, dans sa correspondance, se plaint très souvent et bien amèrement de la difficulté qu'il éprouve à se faire payer par le pape, à rentrer seulement dans ses débours, affirme-t-il. Au mois de janvier 1511, il interrompt complètement les travaux de la Sixtine et va relancer le pontife jusque dans le camp de Mirandole, afin d'obtenir quelque acompte... Les biographes ne se font pas faute ici de crier à la parcimonie et à l'avarice sordide de Jules II : mais pourquoi ni Raphaël, ni Bramante, ni aucun des nombreux architectes, peintres et sculpteurs employés par le Rovere ne laissent-ils jamais entendre des plaintes semblables ? On connaît pourtant le faste éclatant dont le jeune Santi a aimé à s'entourer à Rome dès le début ; on connaît aussi la vie dispendieuse du constructeur de Saint-Pierre : — « Le pape Jules, nous dit de Bramante, son hôte Caporali, a fait maître Donato riche malgré lui et l'a comblé de bénéfices et de pensions... » — C'est que Raphaël et Bramante, apparemment, se comportent envers Jules II comme des artistes envers leur mécène : ils comprennent à merveille qu'un mécène n'aime pas à être importuné par des demandes d'argent, mais que dans les moments de satisfaction et de largesse, il sait récompenser au centuple les services rendus. Michel-Ange n'attend rien de la munificence et ne demande jamais que son dû ; mais il le demande sans détours et sans vergogne, avec la brusquerie du créancier et la fierté du gentilhomme [3].

Car il se sait gentilhomme, lui, et tout autrement noble que le Rovere à la triple couronne. Jules II est de souche obscure, probablement roturière ; — dans ses moments de dépit, le roi de France, Louis XII, appelle le pape « un fils de paysan qu'il faut mener à coups de bâton, » — tandis que Michel-Ange se croit le rejeton d'une des plus anciennes et des plus glorieuses familles de l'Italie. A tort ou à raison, il est persuadé que les Buonarroti descendent de l'illustre maison de Canossa, de cette grande comtesse Mathilde, « souveraine, dit Condivi, — et évidemment sous la dictée du maître, — souveraine de Mantoue, de Lucques, de Parme, de Reggio et de cette partie de la Toscane qui, aujourd'hui, s'appelle le patrimoine de saint Pierre. » Il conservera soigneusement dans ses archives la lettre par laquelle le comte Alexandre de Canossa à Bianello confirmait, en 1520, cette parenté à l'artiste devenu célèbre ; il prendra pour armes, dans son blason, un chien rongeant un os (*canis ossa*), et emploiera invariablement toutes ses épargnes à l'achat de terres en Toscane : le désir de rendre l'antique éclat à sa famille déchue par les vicissitudes du temps est un des traits remarquables, aussi humain que touchant, de sa longue et laborieuse carrière. Me tromperais-je en attribuant à cette situation réciproque de Buonarroti et du Rovere la plupart des frasques et des bourrasques qui, de temps en temps, signalent les rapports tellement singuliers entre le pape et l'artiste ? De temps en temps, le pauvre homme de génie se rappelait peut-être qu'il était aussi homme de qualité et de grande maison, que son aïeule, la comtesse Mathilde, avait fait don aux papes de leur patrimoine actuel.

Il a trente-trois ans au moment de franchir le seuil de cette Sixtine qui le rendra immortel. Il est petit de taille, trapu, d'une complexion frêle, mais endurante ; il est gaucher et a une tête énorme. La barbe longue, les cheveux abondants et légèrement bouclés, les pommettes saillantes et le nez écrasé par le coup brutal de Torrigiano, donnent à sa physionomie une expression étrange et quelque peu hirsute ; mais le front est large et beau, et le regard d'une mélancolie profonde, fascinante. Tel il apparaît encore, — beaucoup plus âgé seulement, et le front sillonné de rides, — dans le portrait conservé à la Pinacothèque du Capitole, et qui est attribué à Marcello Venusti [4]. Il est étonnant, du reste, qu'aucun des maîtres renommés de l'époque n'ait songé à reproduire par le pinceau les traits de Buonarroti. L'œuvre de Raphaël, dans l'ensemble de ses fresques et tableaux, nous présente une galerie presque complète de tous les personnages qui ont marqué à Rome du temps de Santi : — Jules II, Léon X et le futur pape Clément VII ; François-Marie, duc d'Urbino, Giuliano de Medici, duc de Nemours, Castiglione, Bibbiena, Bindo Altoviti et Inghirami ; l'Arioste, Perugino, Bramante et tant d'autres ; — mais vous chercherez en vain, dans cette galerie, le peintre immortel de la Sixtine. Raphaël, après tout, est bien excusé : il n'a eu guère à se louer de son grand rival, toujours dédaigneux et parfois très désobligeant à son égard. Mais Sébastien del Piombo n'était pas certes, lui, ni un rival ni un maltraité : il n'a manqué aucune occasion de s'insinuer auprès de Michel-Ange, de le circonvenir, de l'indisposer surtout contre le jeune Urbinate et son groupe, la *synagogue*, comme il l'appelait. Il était, en outre, le plus grand peintre de portraits alors vivant à Rome : comment n'a-t-il pas tenu à honneur de léguer à la postérité l'image de celui qu'il n'a cessé de proclamer « son divin maître ? » Il a mieux aimé nous léguer les traits insolents de l'infâme Arétin, et ainsi l'a fait également Titien, le magnifique égoïste, malgré toutes les choses flatteuses qu'il a trouvé bon de dire à l'adresse de Michel-Ange, lors de sa visite à Rome, en 1545. Il est vrai que Buonarroti, à ce même moment, déclarait que le maître de Cadore ne savait pas dessiner !

Ce grand hâbleur de Benvenuto Cellini prétend avoir recueilli de la bouche même du coupable le narré de l'atroce scène dans laquelle Michel-Ange a été défiguré à jamais. « Nous étions jeunes garçons tous les deux, Buonarroti et moi, — racontait Torrigiano, — et nous allions souvent à l'église *del Carmine* pour y étudier dans la chapelle de Masaccio. Buonarroti, qui avait l'habitude de narguer tous ceux qui y dessinaient, m'a fâché un jour tout particulièrement ; exaspéré, je lui ai porté sur le nez, avec mon poing fermé, un coup d'une violence telle que je sentis l'os et le cartilage céder sous ma main comme de la pâte. Il portera ma marque tout le long de sa vie… » Après avoir lu ce récit révoltant, on n'est pas fâché d'apprendre, par Vasari, que l'affreux rustre, moitié artiste et moitié spadassin, soldat de César Borgia et sculpteur très apprécié à la cour d'Angleterre, a fini misérablement en Espagne dans les cachots de l'Inquisition. Je n'oserais pas pourtant m'inscrire en faux contre l'attitude provocante prêtée par Torrigiano à l'adolescent Buonarroti dans la chapelle de Masaccio. Arrivé à l'âge mûr, il n'aura pas de procédés beaucoup plus gracieux envers Perugino, envers Francia, envers Signorelli, envers Léonard de Vinci.

Il est peu accueillant et rien moins qu'affable, ayons le courage d'en convenir. D'une humeur triste et sombre, susceptible à l'excès et agressif sans cause, irritable et irritant, il place assez mal d'ordinaire ses engouements comme ses antipathies, et aime à se plaindre, sans bien choisir ni ses confidents ni ses raisons. Sobre comme un anachorète, scrupuleux comme pas un de ses émules de génie, il a néanmoins des querelles d'argent avec tout le monde, avec Jules II, avec les Médicis, et même avec ce pauvre et malheureux Signorelli dont il aurait dû mieux respecter le grand âge et le grand mérite. Il se croit indignement exploité et il l'est, en effet, par ceux-là surtout auxquels il adresse ses doléances ingénues, par sa famille en première ligne, qui le rançonne sans pitié. Nerveux et fantasque, il attache une importance singulière aux songes et aux présages ; il a parfois des hallucinations étranges, des terreurs inconcevables ; sous l'empire de ces obsessions, il prendra, dans des circonstances critiques, des résolutions irréfléchies, compromettantes pour son repos, compromettantes même pour sa renommée, comme lors du siège de Florence.

Il a le cœur éminemment bon pourtant et aimant, d'une tendresse, d'une délicatesse presque féminine. « Ceux qui ne connaissent de Michel-Ange que ses œuvres n'estiment que ce qu'il y a de moins parfait en lui, » dira plus tard Vittoria Colonna. Sa correspondance témoigne à chaque page de l'attachement profond qu'il porte à son père et à tous les siens, de sa sollicitude touchante pour ses vieux domestiques, leurs veuves et orphelins ; ses aumônes sont aussi abondantes que discrètes. Remarquez toutefois la veine aristocratique qui perce jusque dans ses actes de bienfaisance et de générosité. Il profite du premier argent gagné pour mettre son père à l'abri du besoin : il lui achète une terre « afin qu'il puisse vivre en gentilhomme. » Il veut faire de son neveu Lionardo son héritier universel et le presse de se marier. « Ne regarde pas à la dot, mais au bon caractère de l'épousée. Je pense qu'il y a à Florence plus d'une famille noble, mais pauvre, avec laquelle il serait charitable de contracter une union. On ne dira pas que tu veux t'anoblir par le mariage, car il est bien connu que nous sommes aussi anciens et aussi nobles que qui que ce soit à Florence. » Une autre fois il le charge de rechercher « quelque citoyen nécessiteux qui a des filles à marier ou à placer dans un couvent, et donne-lui des secours secrètement ; mais prends garde aux imposteurs. Je parle de citoyens ; car je sais que ceux-là ont honte de demander lorsqu'ils se trouvent dans la gêne. » Ou bien encore : « Je te saurai gré de m'apprendre si tu entends parler de quelque citoyen noble qui est dans la misère, notamment de ceux qui ont des enfants à la maison, pour que je puisse leur venir en aide. Aie soin de donner là où il y a besoin réel et non par considération de parenté ou d'amitié, mais par l'amour de Dieu. Ne dis pas d'où vient le secours. »

C'est aussi à ce même neveu qu'il écrit un jour : « Dis au prêtre (Fattucci) de ne pas adresser *Michel-Angelo scultore*, car je ne suis connu ici que comme Michel-Angelo Buonarroti. Je n'ai jamais été peintre ni sculpteur comme ceux qui en font boutique (*come chi ne fà bottega*). Je m'en suis toujours bien gardé pour l'honneur de mes parents et de mes frères. J'ai été au service de trois papes, il est vrai, mais j'y ai été forcé. » Parole curieuse, prononcée au déclin de la vie, mais qui éclaire tout un passé, et principalement ces années orageuses de la jeunesse que j'étudie en ce moment.

Avec les idées et les mœurs de nos jours, il nous faut quelque effort pour nous représenter au juste le rôle et le milieu social de ces maîtres italiens du *quattrocento*, moitié artistes et moitié artisans : marchands ayant leur *bottega* sur la rue, chefs d'atelier se faisant payer par les élèves (*garzoni*) le prix de l'apprentissage, entrepreneurs passant avec leurs clients des contrats minutieux pour chaque commande et fourniture. Dans ces contrats tout est prévu et réglé : les dimensions de la sculpture ou de la peinture à livrer, le nombre des figures, leurs attributs, la qualité des couleurs, surtout celle du bleu de mer et de l'or. On s'engage naïvement à faire aussi bien que tel maître renommé, à faire même mieux, « tout aussi bien que qui que ce soit : » ainsi s'exprime encore Léonard de Vinci dans sa fameuse lettre à Louis le More ! On est payé quelquefois (pour une partie du moins) en denrées et en vêtements ; et malgré le prix convenu d'avance, on est souvent forcé à se soumettre après coup à la décision des experts et des vérificateurs. On travaille surtout pour la signorie, autant dire pour le municipe, pour les communautés religieuses ensuite, enfin pour les particuliers, riches marchands ou banquiers. Volontiers aussi on se rend à tel appel venant « du dehors, » d'une ville voisine et même rivale, pour décorer une église ou une chapelle ; mais, l'ouvrage terminé, on a hâte de rentrer dans sa « patrie, » dans sa famille et dans sa *bottega*. Je ne parle pas de fra Angelico, de Lorenzo Monaco et de leurs semblables : ces humbles moines ne travaillent en général que pour leur ordre et pour la gloire de Dieu.

Vers le milieu du *quattrocento*, les communes, les républiques, après une existence longtemps prospère et agitée, déchoient, s'affaissent, disparaissent même peu à peu, et à leur place s'élèvent les puissantes maisons des Médicis, Sforza, Gonzague, Este, Bentivogli, Montefeltri, Malatesta, etc. Ces cours princières, auxquelles il convient d'ajouter celle des papes depuis leur restauration à Rome, s'entourent, par goût aussi bien que par politique, de toutes les splendeurs qui ont lait la gloire des cités libres et attirent les artistes. Les artistes arrivent en foule, exécutent les travaux commandés, cherchent à plaire et à faire fortune. La fortune suprême, c'est de demeurer à poste fixe auprès d'un prince amoureux de « belles choses : » Mantegna s'est ainsi attaché aux Gonzague, Léonard de Vinci aux Sforza, Cosimo Tura aux Este, Francia aux Bentivogli, Mino ou Pinturichio aux maîtres du Vatican. Une espèce de domesticité artistique s'établit de la sorte, agréablement tempérée, il est vrai, par cette bonhomie, par cette facilité des rapports, qui est un des traits charmants de l'époque. On s'efforce de satisfaire à tous les caprices du mécène, mais on attend aussi beaucoup de sa libéralité ; on le lui dit avec ou sans métaphores, mais toujours sans vergogne, et parfois sur un ton bien lamentable. L'exemple en a été donné de bonne heure : il y a déjà longtemps que ce drôle de génie, Fra Filippo Lippi a écrit à Piero di Medici une lettre « pleine de larmes » pour l'apitoyer sur sa propre misère et celle de ses *six nièces* « toutes nubiles et pas encore mariées ! » Déçu dans ses espérances, on change de place et de protecteur, on va d'une ville à l'autre pour faire offre de son talent, comme les *condottieri* auparavant l'ont tait de leur épée, les humanistes de leur éloquence. Léonard de Vinci se met tour à tour, et avec une désinvolture qui ne choque personne, au service de Louis le More, de César Borgia et du roi de France, l'envahisseur de Milan. On devient indifférent à la patrie, à la cité natale, indifférent à la liberté ; les liens de famille se relâchent, les mœurs s'émancipent et toute piété s'émousse. Il est bien significatif à cet égard, que le peintre des tableaux les plus religieux de l'époque, le maître même de Raphaël, le Pérugin, est réputé athée. Un moment, les prédications de Savonarole ébranlent encore les esprits et produisent une secousse violente ; quelques rares artistes, un Baccio della Porta, un Lorenzo di Credi, un Botticelli, en reçoivent même une impression profonde et durable. Si toutefois vous demandez après le vrai élève et élu sur lequel le grand dominicain ait laissé tomber son manteau avant de disparaître dans les flammes, vous ne saurez prononcer d'autre nom que celui du jeune Buonarroti. Il ne participe en rien aux mœurs faciles du temps, et nous ne lui connaissons pas de *Fornarina*. Défiguré de bonne heure, — *privo piangendo d'un bel volto umano*, comme il le dit lui-même dans une strophe navrante, — il n'a jamais connu à son cou d'adolescent « la douce chaîne des blancs bras, » dont parlera l'heureux Raphaël

Santi [5], et sa jeunesse est sevrée de toute joie et de toute affection tendre. Que d'autres s'ingénient tristement à découvrir je ne sais quel *Éros* à la fois chaste et pervers [6] dans ses poésies platoniques, — composées presque toutes au déclin de la vie, *negli anni assai* ; — pour moi, ce qui me trappe dans sa poésie, dans sa correspondance, dans tout son œuvre, c'est de n'y trouver ni mention, ni reflet des auteurs enjoués et badins si en vogue alors, rien qui rappelle Pulci, l'Arioste ou Boccace ; sa lecture favorite, à lui, ce sont les sermons de Savonarole, le *poema sacro* de Dante, la Bible, l'Ancien-Testament surtout, dont les héros imposants et farouches fascinent son imagination. Gentilhomme, « noble comme qui que ce soit à Florence, » il ne recherche pas les cours princières ; mais il a en horreur aussi la *bottega*, et non moins en horreur la *bohème*, s'il est permis d'employer une telle expression en parlant du XVIe siècle. Le zèle de sa maison le dévore : c'est pour la relever qu'il travaille, qu'il tient à être exactement payé et voudrait même « posséder des richesses ; » ses besoins et ses plaisirs personnels sont des plus simples, des plus sommaires. Il n'a pas l'humeur vagabonde d'un Léonard, d'un Pérugin ou d'un Andréa Sansovino, — ce n'est que dans un moment de désespoir, dans un accès de découragement, qu'il formera le projet de Constantinople ou de Paris, pour l'abandonner aussitôt : — ses deux pôles d'attraction restent toujours Florence et Rome, la ville natale qu'il aime en patriote et la ville éternelle qui seule peut lui offrir un champ assez vaste pour ses conceptions gigantesques. Famille, patrie, liberté, honneur, ne sont pas de vains mots pour lui : ils font vibrer tout son être moral, mais le déchirent aussi au milieu des contradictions inéluctables de la vie, et les déchirements deviendront de plus en plus tragiques à mesure que grandiront les contradictions. Profondément religieux, il a cette soif de l'infini qui est le tourment ainsi que la noblesse des âmes d'élite et les graves problèmes de l'existence, de la création, de la justice et du salut, le préoccupent comme pas un de ses émules et rivaux, j'ose dire comme pas un de ses contemporains en Italie. Il est le *Pensieroso* de la renaissance.

Dans sa vocation d'artiste, il apporte à tout ce qu'il entreprend, ou seulement essaie, une énergie consciencieuse, un sérieux presque terrible. Et par exemple, ce naturalisme qui est la grande préoccupation du *quattrocento*, il le pratique tout autrement encore qu'un Donatello, un Uccello, un Pollajuolo, un Andréa del Gastagno : il pousse l'étude de la nature jusque dans ses coins les plus sombres et effrayants, il la poursuit au-delà des limites de la vie et jusque dans les ténèbres de la mort, jusque dans ces cadavres qu'il dissèque, pendant des années, à l'hospice du San-Spirito. Il en est de même pour l'antiquité, dont les modèles de plus en plus connus et appréciés sollicitent les talents du XVe siècle. Michel-Ange ne se borne pas à emprunter seulement à cette antiquité certains détails de décor, d'ajustement, de draperie et d'ornementation, comme l'ont fait jusqu'à lui les « précurseurs de la renaissance : » il se prend corps à corps avec les modèles classiques réunis au jardin de Médicis, et reproduit des centaures, des Cupidons, des Bacchus, des Hercules, en toute liberté et indépendance. Il voit du coup, et dès les premiers essais de Florence, ce qu'un Donatello, ni même un Mantegna n'avaient vu malgré tout leur génie : il comprend et s'approprie le principe fondamental de la plastique ancienne, cette vérité suprême que l'expression de la tête n'est point l'*omne tulit punctum* de la statuaire, mais que le même souffle de vie doit animer et pénétrer également toutes les parties du corps humain. Il comprend beaucoup moins, en revanche, le principe *mystique* de l'art chrétien, ou plutôt il ne comprend que trop, et d'intuition, combien cet élément est au fond destructeur de toute forme et un défi porté au monde des sens. Il n'habitera donc jamais les régions éthérées d'Orcagna et de fra Angelico, jamais non plus il ne parlera le langage de symboles et d'emblèmes si cher aux maîtres du *trecento* : le sculpteur, l'artiste plastique sera, sous ce rapport, plus fort en lui que le disciple de Savonarole, plus fort que le lecteur enthousiaste de Dante. Son empyrée ne sera pas un rêve, une vision, comme chez le Fiesole : il aura les trois dimensions de tout corps, de toute réalité ; ses allégories ne seront pas seulement les signes connus et circonstanciés de certaines idées, comme chez Giotto : elles prétendront en être les personnifications immanentes, absolues…

Il n'est pas cependant aussi loin de la pensée de Giotto et de Giovanni Pisano qu'on serait tenté de le croire à première vue ; il s'approche même d'eux beaucoup par la recherche instinctive d'un art plus idéal et monumental, plus énergique et passionné que n'en connaît la génération de la fin du XVe siècle, la génération

de Mino, de Ghirlandajo et de Perugino. Cet instinct se révèle
déjà dans le relief des *Centaures* que conserve encore la *Casa
Buonarroti*, composition toute juvénile, mais stupéfiante de force
et d'impétuosité ; il éclate dans sa pleine vigueur le jour où Michel-
Ange, à l'âge de vingt et un ans, touche pour la première fois le sol
de Rome et peut contempler les ruines grandioses et les marbres
merveilleux de la cité éternelle. A cette vue, son génie éclate et le
démon intérieur se déchaîne.

V. — LES MARBRES DE ROME (1508).

Une des pages les plus charmantes, les plus sincèrement émues de
la littérature humaniste du XVe siècle est, à mon sentiment, le petit
écrit de Poggio Bracciolini, intitulé : *De fortunæ varietate urbis
Romæ*. Assis un jour, avec son très honorable collègue Antonio
Loschi, sur la colline du Capitole, « comme Marius sur les ruines
de Carthage, » le secrétaire apostolique du pape Martin V jette un
regard attristé sur cette ville qui autrefois a dominé le monde et qui
maintenant est étendue à ses pieds « semblable au corps inanimé
d'un géant dépouillé de ses armes et couvert de blessures. » Plus
douloureux encore que les bouleversements venus du dehors,
paraissent à Poggio les ravages que la cité n'a cessé d'exercer contre
elle-même. Cet édifice en lace, à la double rangée d'arcades, qui sert
maintenant de magasin public de sel, c'était jadis le *tabularium*, —
les grandes archives de la république où furent déposés les lois et
les traités du peuple-roi dans des tables d'airain ; — le sel ronge
les murs, les piliers et jusqu'à l'inscription de l'édifice : ce n'est plus
qu'avec peine qu'on peut y déchiffrer le nom de Q. Lutatius Catulus !
.. « La première fois que je suis venu dans cette ville, le temple de
la Concorde là-bas (ou plutôt de Saturne) était encore debout et
presque entier ; depuis, les habitants ont complètement détruit la
belle construction en marbre ; quelques colonnes du portique sont
seules restées. » Et l'humaniste poursuit ainsi ses variations pleines
d'une mélancolie érudite sur le thème douloureux de *locus ubi
Roma fuit*, énumérant les temples, les portiques, les thermes, les
théâtres, les aqueducs, les ports, les palais, tous disparus ou ruinés.
Parmi les statues en marbre encore préservées, Poggio ne nomme

que cinq, et dans ce nombre les *Dioscures* (du Monte-Cavallo) alors aux Thermes de Constantin ; le Marc-Aurèle en bronze avait sa place devant le Latran. Il raconte aussi que, de son temps, on avait déterré, dans un jardin auprès de Santa-Maria sopra Minerva, une statue couchée « plus grande que toutes celles qui se trouvent dans la ville, » — le *Nil*, aujourd'hui un des plus beaux ornements du *Braccio nuovo*, — mais que le propriétaire, importuné par les visiteurs que la trouvaille lui attirait, a préféré l'enfouir de nouveau sous terre…

Bien différent de ce tableau, rapporté à l'année 1430 par Bracciolini, était l'aspect que présenta Rome vers la fin du même siècle, au moment où la connut pour la première fois le jeune Buonarroti (été 1496). Sous le régime des papes humanistes, l'incurie d'autrefois pour les chefs-d'œuvre de l'antiquité avait fait place, dans la ville aux sept collines, à un amour passionné, à un culte presque officiel. On continuait, il est vrai (on continuera encore longtemps, hélas !) de *ruiner les ruines*, d'employer pour diverses bâtisses en construction les pierres et les colonnes du Colisée ou du théâtre de Marcellus ; mais les moindres restes de la statuaire classique étaient, en revanche, recherchés avec ardeur, achetés au prix de l'or, conservés avec un soin jaloux. On fouillait et retournait à cet effet le sol de Rome et de la *campagna* ; Ostie surtout était une mine inépuisable de sculptures précieuses. Déjà Nicolas V avait mis les premiers fondements du musée Capitolin que Sixte IV a enrichi dans la suite ; Paul II s'est fait un autre musée dans son palais de Saint-Marc. A l'exemple des pontifes, tous ceux qui, à Rome, se piquaient de goût et de culture, — les cardinaux Riario, Savelli, Grimani, l'évêque Colocci, — tenaient à honneur d'avoir leurs collections d'*anticaglie*, selon l'expression du temps. Le plus heureux, le plus intelligent de ces collectionneurs est le cardinal Giuliano della Rovere, évêque d'Ostie et futur pape. Ballotté par la tourmente politique sous le règne du Borgia, réfugié même à ce moment en France, il n'en a pas moins su réunir dans son splendide palais de Santi-Apostoli (Colonna) ou dans sa demeure cardinalice, près San-Pietro-in-Vincoli quantité de ces marbres magnifiques qui formeront bientôt la splendeur du Belvédère.

Avec les moyens d'information dont nous disposons aujourd'hui, il n'est malheureusement pas possible de dresser la liste exacte des sculptures antiques que possédait Rome dans les dernières années du XVe siècle ; mais il est bien hors de doute que, pour le nombre comme pour la qualité, elles dépassaient incomparablement toutes celles que Laurent le Magnifique a pu réunir à Florence. Dans le jardin des Médicis, le jeune Michel-Ange n'avait eu devant lui, en somme, que des modèles de second ou de troisième ordre [7] : ce n'est que sur les bords du Tibre que lui furent révélés les vrais chefs-d'œuvre de l'art classique, et la tradition a recueilli plus d'une parole ailée et ravie prononcée par lui au sujet de mainte pièce conservée de nos jours au Vatican. Ajouter à cela l'effet que produit déjà la ville éternelle par elle-même, avec ses monuments et ses ruines, avec ses souvenirs et ses horizons, l'espèce de secousse et d'*agrandissement*, selon le mot heureux de Goethe, qu'elle ne manque jamais de donner à toute âme bien née : et vous vous douterez de la révolution immense qui dut s'accomplir alors dans l'esprit de l'élève de Bertoldo.

Je n'ignore pas que des critiques autorisés ont imaginé récemment de faire honneur de cette révolution à une autre ville que Rome et à des modèles tout autres aussi : les sculptures fougueuses et superbes de Jacopo délia Quercia au portail de San-Petronio auraient, dès 1494, frappé les regards et transformé le talent de Michel-Ange adolescent, pendant les quelques mois passés alors à Bologne. Si j'ose pourtant ne pas me ranger à une opinion très en faveur aujourd'hui, c'est que les productions sorties des mains du jeune Buonarroti à Bologne même, en 1494, ou immédiatement après à Florence [8], ne me semblent encore en rien dénoter ce changement de style qui, en revanche, devient manifeste à partir de l'époque romaine. Je suis loin de nier l'influence et les fortes réminiscences même du vieux sculpteur siennois dans l'œuvre de Michel-Ange ; mais (à part peut-être quelques détails de draperie et d'ajustement) elles n'éclatent véritablement, je pense, que depuis la voûte de la Sixtine, après le second séjour de Bologne, celui de l'année 1507, séjour tout autrement prolongé et marquant, pendant lequel fut élaborée la statue en bronze de Jules II. Certains grands côtés des anciens maîtres toscans (non-seulement de Jacopo, mais de Donatello aussi et de Ghiberti), passés d'abord inaperçus par l'élève de Bertoldo, furent, dans la suite, nombre même d'années après, mieux sentis et assimilés par l'artiste avancé dans l'âge et dont le champ visuel s'était prodigieusement élargi sur les bords du Tibre ; mais c'est de ces bords, il faut hardiment l'affirmer, que sont venues l'impulsion décisive et l'initiation en toutes choses. Pour le génie de Michel-Ange, comme pour celui de Bramante et de Raphaël, la cité éternelle a été la suprême révélatrice et la vraie *Alma parens* : « S'étonner, — écrira le vieux Buonarroti lui-même près de quarante ans plus tard, — s'étonner que Rome produise des hommes divins, autant vaut s'étonner que Dieu fasse des miracles ! .. » Il adressera ces paroles emphatiques, bien improprement, il est vrai, au fameux ser Tommao de' Cavalieri ; mais on ne se trompera guère en les appliquant à l'architecte de Saint-Pierre, au peintre de la *Dispute* et au sculpteur de la *Pietà*.

Parmi les chefs-d'œuvre anciens que le jeune Buonarroti connut dès ce premier séjour à Rome, nous pouvons maintenant nommer avec certitude la radieuse statue du fils de Latone, qui tient encore aujourd'hui la place d'honneur au Vatican [9]. Découverte quelques années auparavant dans une des nombreuses *tenute* suburbaines du cardinal Giuliano délia Rovere (probablement à Grotta Ferrata), elle ornait alors le jardin de sa demeure près de l'église San-Pietro-in-Vincoli… Il est de mode, depuis quelque temps, de déprécier cet *Apollon* jadis tant exalté, de le proclamer trop travaillé et musqué, voire avantageux et poseur. « Il ne lui manque que le grand cordon d'un ordre étranger, » me disait dernièrement, pour bien me narguer, un ami et juge excellent. Nous sommes devenus très difficiles et importants, insolemment dégoûtés même, depuis qu'un hasard magnanime nous a fait connaître les marbres d'Elgin, la *Vénus* de Milo et l'*Hermès* de Praxitèle ; nous craignons d'être dupes d'un enthousiasme mal informé, et nous croyons faire preuve de supériorité en brûlant ce qu'avait adoré Winckelmann. Je me demande pourtant si même aujourd'hui nous connaissons de par le monde une statue antique qui surpasse ou égale l'*Apollon* du Vatican comme incarnation de la beauté humaine, de la beauté *virile*, « nue et revêtue seulement d'un immortel printemps, » pour emprunter le langage de ce bonhomme de Winckelmann : je parle, bien entendu, d'une statue présente et réelle, d'une figure en ronde bosse entière et complète, non pas d'une entité esthétique qu'à grand renfort de déduction érudite nous nous plaisons à construire d'après tel passage de

Pausanias ou de Pline, d'après tel relief ou fragment de buste et de torse recueilli à l'Acropole ou à Olympia. Tous les *verba magistri* de l'Université ne m'empêcheront pas de partager le sentiment des contemporains de Jules II et de trouver à l'*Apollon* du Belvédère une poésie ineffable, un rayonnement merveilleux. N'est-il pas merveilleux aussi que le dieu de la lumière et des arts, que le grand *Musagète* soit précisément sorti de terre soudain à cette heure solennelle de la renaissance, qu'il ait pris domicile chez le Rovere et reçu les premiers hommages de Michel-Ange ?

L'hommage, ce fut de s'inspirer de ce dieu de la lumière pour la figure du Christ dans le groupe de la *Pietà* (1498-1499)... Si la remarque n'en a été faite dès longtemps, il faut en chercher la cause, je crois, dans l'incertitude où nous étions encore tous naguère sur l'époque où fut découvert l'*Apollon* ; dans le malencontreux emplacement aussi que le marbre de Buonarroti a reçu à Saint-Pierre. Contraste bizarre, en effet, et qui a presque l'air d'une profonde malice du sort : le *Moïse*, conçu originairement comme planant de haut, au second étage du colossal mausolée, à une élévation de quinze pieds, pose devant nous lourdement, pesamment, au ras du sol, dans le monument écourté de Jules II ; tandis que le groupe de la *Pietà*, destiné à être vu de plain-pied, a été exhaussé sur un autel énorme, de façon à disparaître aux regards ; la figure du Christ surtout en est devenue presque invisible. Si pourtant, à force de vous tourner et contourner, vous parvenez à saisir cette admirable figure dans ses détails et dans son unité, vous reconnaîtrez sans nul doute que jamais Michel-Ange n'a rendu aussi heureusement la beauté humaine en toute grandeur et simplicité, que jamais non plus il n'a atteint ou seulement visé une distinction, une élégance à ce point parfaite. Nulle trace ici de cette impétuosité et redondance musculaire qui marque si fortement, et souvent dépare si étrangement ses anatomies formidables ; les chairs ont une délicatesse veloutée et exquise ; le poli, d'un soin, d'une harmonie incomparables, crée au fils de l'homme comme une atmosphère lumineuse qui le relève et le détache de l'ensemble de la composition... Or, beauté, élégance, finesse de travail et polissure splendide : ne sont-ce pas là aussi les qualités qui, dès le premier abord, vous frappent dans la statue du Belvédère ? Et puisqu'il est convenu que dans cette *Pietà* la sculpture de la renaissance a approché de l'idéal classique comme dans aucune autre de ses créations, puisque quatre siècles n'ont cessé de le proclamer et que déjà Condivi a dit quelque chose de semblable : où voulez-vous que Buonarroti ait cherché son modèle antique, si ce n'est dans le jardin du cardinal Giuliano délia Rovere, près San-Pietro-in-Vincoli ?

Un Christ descendu de la croix, un Christ mort, dénudé et pourtant beau, beau non-seulement d'expression et de traits, mais beau de corps, beau comme l'Apollon : c'est ainsi que Michel-Ange a osé concevoir un sujet, dans lequel ses prédécesseurs n'avaient vu qu'un thème déchirant et lugubre. Toute marque d'agonie, de souffrance ou seulement de raideur cadavérique est soigneusement écartée de ces formes restées divines malgré le trépas ; les stigmates manquent, ainsi que le plus léger rappel du supplice [10] ; l'auréole manque également, ou plutôt elle est répandue sur tous les membres et les couvre d'un poli vibrant qui est comme le parfum de l'âme, comme cette ambroisie dont Homère enveloppe parfois les dieux de son Olympe. Avec sa tête doucement rejetée en arrière, avec ses cheveux bouclés et le visage presque imberbe, avec ses jambes et ses bras plutôt abandonnés qu'affaissés, le Christ mort semble redevenu enfant, l'enfant jadis couché dans le sein de la mère, dont le vaste manteau aux plis larges et lourds lui forme un fond sombre et massif. La mère est jeune, elle aussi, jeune et belle comme au temps où elle berçait Jésus sur ses genoux : son visage incliné exprime plus d'amour encore que de tristesse ; la main gauche seule, étendue et ouverte, a un geste accentué, un geste qui dit : y a-t-il douleur comparable à ma douleur ?... C'est avec cette mesure tout antique que l'artiste a traité l'immense tragédie de Golgotha, c'est dans ce langage de Sophocle qu'il a raconté la *Passion* ! « Les chrétiens des premiers temps, a-t-on dit avec bien de la justesse, les chrétiens qu'animait encore le souffle de l'art classique, n'auraient pas autrement figuré la *Pietà*. » Et, en effet, devant cette œuvre de Michel-Ange, la pensée se reporte involontairement vers telle suave peinture entrevue aux catacombes, vers telle mosaïque du *Bon Pasteur* dans le mausolée de Galla Placidia à Ravenne.

La *Pietà* fut une des dernières créations du jeune Buonarroti pendant ce séjour dans la ville éternelle à la fin du XVe siècle ; ses premiers ouvrages romains sont loin de présenter le caractère d'apaisement, j'allais presque dire d'attendrissement, qui nous captive et nous surprend dans son groupe de Saint-Pierre. Son *Cupidon* (ou plutôt Apollon ?) et son *Bacchus*, exécutés tous les deux auparavant (1497-1498) pour Jacopo Galli [11], ont au contraire cet accent aigu de tension et de tourment qui ne fera que grandir dans la suite et deviendra la marque indélébile de son génie prométhéen... Que l'on voudrait bien pouvoir suivre les évolutions de ce génie pendant ces cinq années de Rome (1496-1500) ; qu'on aimerait aussi à connaître l'impression que lui faisaient alors les hommes et les choses sur les bords du Tibre ! Alexandre VI régnait, et César Borgia inaugurait sa carrière de perfidies et de crimes. Le 14 juillet 1497, avait lieu cet assassinat du duc de Gandia, par César, qui mit le monde dans l'épouvante et que le maître des cérémonies Burchard a noté dans un style si placide. Le sol italien tremblait encore sous la violente secousse que lui avaient imprimée les armées de Charles VIII, en passant et en repassant comme un cyclone, et on était constamment dans l'attente d'autres invasions. De Florence arrivaient tous les jours des nouvelles émouvantes, passionnantes sur la lutte des *piagnoni* et *arrabiati*, sur les triomphes et les extravagances de Savonarole...

Michel-Ange n'était pas un *piagnone*, un partisan fanatique et actif du réformateur ferrarais : pendant toute cette lutte mémorable à Florence, il est resté tranquillement dans la ville aux sept collines, occupé de ses travaux et soucieux de son art. On se trompe étrangement, en voulant faire de lui un républicain conséquent, intransigeant, avide d'action et de combat : il était artiste avant tout et ne donnait dans la politique que par accès et par bonds, en en éprouvant presque aussitôt des regrets et ne s'interdisant jamais le retour aux « tyrans. » Sa dévotion au prieur de Saint-Marc ne l'empêchait pas de solliciter une commande du cardinal Raffaele Riario, ni d'en accepter une (pour la *Pietà*) du cardinal de Saint-Denis, comme plus tard, tout en dirigeant la défense de San-Miniato, il continuera à travailler au mausolée des Médicis. Il n'en est pas moins vrai cependant qu'il avait pour Savonarole une admiration profonde et ardente ; il l'a gardée tout le long de sa vie. Son frère aîné Léonard s'était fait dominicain, entraîné par l'éloquence du moine tribun ; lui-même était resté en rapport et communication avec Sandro Botticelli, alors très engagé parmi les *piagnoni*, et il écrivait à son autre frère (mars 1497) d'employer tous les moyens pour faire venir à Rome le « saint » fra Girolamo : le naïf homme de génie croit qu'il suffirait de quelques sermons du prophète pour que tout le monde « l'adorât » sur les bords du Tibre !

C'est pour le cardinal de Saint-Denis, je viens de le dire (plus exactement, le cardinal Jean Villiers de La Groslaie, abbé de Saint-Denis et ambassadeur de France), que le jeune Buonarroti a exécuté la *Pietà*, et nous sommes encore en possession du contrat passé au nom de l'artiste (alors absent à Carrare), par son ami Jacopo Galli qui ajoute pour son compte : « Et moi, Jacopo Galli, je promets à sa très Révérende Seigneurie que ledit Michel-Ange achèvera ladite œuvre dans un an et qu'elle sera le plus bel ouvrage de marbre à Rome, et qu'aucun maître vivant ne pourra faire aussi bien. » Le contrat porte la date du 26 août 1498. Trois mois auparavant (23 mai), Savonarole avait péri sur le bûcher... Est-il téméraire de supposer que l'ombre du martyr a plané sur un travail entrepris si tôt après la catastrophe, que ce souvenir poignant a détendu pour un moment l'âme toujours raidie du titan, et a inspiré une œuvre où la résignation chrétienne est venue harmonieusement se combiner et se fondre avec la sérénité classique ? Chose étrange, la moins typique à certains égards, la moins *michelangelesque* des productions de Buonarroti en est peut-être aussi la plus personnelle et intime. C'est la seule aussi qu'il ait jamais signée de son nom : on le lit sur la ceinture en sautoir de la Vierge.

Sans atteindre la touchante poésie et l'ampleur grandiose de cette *Mater Dolorosa*, la Madone de Bruges et les deux *Reliefs en rond du Bargello* et de la *National Gallery* (la Vierge, l'Enfant et saint Jean) ont avec la *Pietà* une telle parenté de sentiment et d'exécution, que je n'hésiterais pas à les rapprocher aussi pour le temps et le lieu, et à les dater également des derniers mois de ce séjour de Rome. Ces quatre sculptures religieuses constituent un groupe distinct dans l'œuvre de Buonarroti [12], et représentent dans l'histoire de son art une phase courte, presque fugitive, mais qu'on est heureux de connaître et que parfois même on se surprend à regretter. C'est le moment, en effet, où pensée et forme apparaissent chez l'immortel Florentin dans un équilibre parfait, où tout est mesure, harmonie et clarté : moment unique, introuvable, que l'on voudrait retenir plus longtemps, conjurer avec le cri de Faust : « Arrête, ne passe pas, tu es si beau... » Vains appels ! Il était dans la destinée de la Pietà de n'être qu'un hors-d'œuvre dans le labeur immense de ce génie — *ostendunt fata* ! — et c'est, une esthétique tout autre que l'élève de Bertoldo devait retirer des marbres de Rome.

Il en tira d'abord l'enseignement capital que les anciens, les maîtres, — *maestri di color che sanno*, — faisaient *plus grand que nature*, que leur art plastique, tout comme leur art scénique, avait son *cothurne* de rigueur. Ces « colosses » de Dioscures, cet Apollon, ce Nil, etc., appartenaient manifestement à une humanité différente de la nôtre, à une humanité idéale, *exhaussée*, dépassant non-seulement en splendeur, mais aussi en proportions la réalité qui nous entoure, celle que les naturalistes du *quattrocento* reproduisaient avec tant de candeur et de diligence. — Il reconnut ensuite qu'à une humanité ainsi grandement conçue, les anciens avaient entendu prêter une vie à l'avenant, une animation intense, une énergie débordante, un accent passionné, dramatique. Ces Dioscures font sentir à leurs coursiers toute la force de la bride, et imposent obéissance avec une fougue courroucée ; cet Apollon est tout mouvement et pétulance : on croit entendre jusqu'au son des flèches agitées dans le carquois, l'(GREC). — Enfin, il comprit de bonne heure, je l'ai déjà dit, le puissant moyen d'action et d'expression que donnait aux anciens le dévêtement traditionnel de leurs statues : toutes les parties du corps, fièrement dénudées, étaient appelées à refléter et à développer le motif de l'œuvre et sa pensée maîtresse. Depuis la plante des pieds jusqu'à cette pelote de cheveux surmontant le front comme une flamme, tout dans l'Apollon est vibrant d'émotion et de triomphe ; depuis la plante des pieds jusqu'à la coiffure et à la barbe ruisselantes, tout dans le Nil respire fécondité, abondance et vigueur... Le colossal, le pathétique et le nu : tels sont les trois grands principes que Buonarroti a cru abstraire des marbres de Rome, et qui deviendront aussi désormais les éléments constitutifs de son art à lui. Qu'il manie l'ébauchoir ou le pinceau, qu'il emprunte son sujet au monde classique ou au monde chrétien, — ou bien encore à un monde tout nouveau, inconnu, qui le hante et le tourmente, — partout et, toujours, il appliquera dorénavant ces trois principes fondamentaux. Il ne les démentira jamais, ne les fera plier en aucune circonstance, trop souvent même il lui arrivera de les exagérer, — et alors le colossal touchera de bien près au monstrueux, le pathétique au bizarre, au convulsionné ; et l'exubérance des muscles et des formes plastiques ne servira qu'à obscurcir la pensée de l'œuvre, au lieu de l'accentuer et de la rendre plus saisissante.

Prenez par exemple le *David*, la première création importante de Michel-Ange lors de son retour de Rome en 1501. Après la Judith, le jeune triomphateur de Goliath était évidemment le plus populaire des héros bibliques chez les Florentins du XVe siècle, et le *Bargello* conserve jusqu'à trois reproductions charmantes de ce sujet : deux de la main de Donatello et une de Verrocchio ; j'ai gardé aussi le souvenir d'un délicieux petit cadre de Pollajuolo, un des bijoux du musée de Berlin. Ce que les vieux maîtres toscans ont surtout vu dans une telle donnée, c'est l'enfant humble et chétif qui, par un grand miracle de Dieu, est sorti vainqueur d'un combat avec un formidable géant. Il est tout grêle et court-vêtu dans l'œuvre de Verrocchio, il a presque l'air d'une fillette ; ainsi l'a également conçu Pollajuolo. Si Donatello l'a dévêtu dans l'un de ses exemplaires (celui en bronze), ce n'est pas certes pour faire étalage de sa puissance musculaire, c'est pour indiquer son état de pauvre pâtre, délicat de corps et couvert seulement d'un chapeau contre les ardeurs du soleil. Les deux sculpteurs aussi bien que le peintre ont invariablement choisi le moment du repos, le moment *après la lutte* : le jouvenceau pose son pied sur la tête du monstre et paraît tout étonné, presque effrayé de sa victoire… Combien différent est le *David* de Buonarroti ! C'est un colosse d'abord, et l'artiste veut tenir la gageure impossible de nous faire accepter pour une figure d'enfant une statue haute de dix-huit pieds ; à la vue d'un pareil *bambino*, on se demande avec stupeur de quelles proportions était : alors son adversaire le Goliath ? Il est tout nu ensuite, des pieds jusqu'à la tête ; il fait voir complaisamment la science anatomique du sculpteur, science merveilleuse, incomparable. Enfin, il a le front plissé, le regard sombre, la bouche contractée, et l'air fier, provocant : il est représenté là, — chose remarquable ! — *avant la victoire*, au moment pathétique de l'attaque… Est-ce bien le David de la Bible ? Le populaire de Florence ne l'a jamais désigné autrement que du nom d'*il gigante* ; un ancien l'eût certainement appelé l'*Athlète* ou le *Gladiateur*.

Dans le *Bacchus* et le *Cupidon*, exécutés encore à Rome pour Jacopo Galli, et tous les deux d'une originalité si bizarre ; dans l'*Adonis* du Bargello, dans l'ébauche hardie de *Saint Mathieu* de l'académie de Florence, ainsi que dans ce qui nous est rapporté du fameux carton de la *Guerre de Pise*, à jamais perdu, on reconnaît sans peine les mêmes traits de conception grandiose inspirée par les marbres de Rome : dans le projet de tombeau pour le pape Jules II, en 1505, la tendance est déjà tout à fait au démesuré et au titanique. Et ici il importe de noter une découverte mémorable qui eut lieu le 14 janvier 1506, pendant que Michel-Ange travaillait au mausolée dans son *studio* près du Vatican, et que ses blocs de Carrare jonchaient la place de Saint-Pierre. Cette découverte fut un véritable événement dans le monde de la renaissance, et Buonarroti n'y demeura point étranger.

« J'étais enfant alors à Rome, — écrivait soixante ans plus tard Francesco da San-Gallo, le fils de l'architecte Giuliano, — lorsqu'un jour il fut mandé au pape qu'on avait déterré d'excellentes statues dans une vigne près l'église Santa-Maria-Maggiore. Le pape envoya immédiatement un palefrenier à Giuliano da San-Gallo pour lui dire d'aller voir ce qui en était. Michel-Ange Buonarroti était notre hôte assidu, et se trouvait juste à ce moment dans notre maison ; aussi mon père l'engagea-t-il à nous accompagner. Je montai en croupe derrière mon père, et c'est ainsi que nous nous sommes rendus sur les lieux indiqués. A peine qu'il fut descendu du cheval et eut jeté un regard sur les figures, mon père s'écria : c'est le *Laocoon* dont parle Pline. On procéda aussitôt à l'élargissement de la fosse pour en retirer les statues ; après les avoir bien examinées, nous sommes rentrés souper, en causant toujours de l'antiquité. »

Jamais monument ancien n'a produit autant d'émotion, soulevé autant de transports que ce groupe de marbre découvert dans la *vigna de sette sale*. « Tout Rome, écrit aussitôt Sabadino degli Arienti à Isabelle de Mantoue, — tout Rome, cardinaux et peuple, court jour et nuit à la *vigna : on dirait un jubilé*. » Une inscription tumulaire, qu'on lit encore aujourd'hui dans l'église Araceli au Capitole [13], promet « l'immortalité » à Felice de Fredis, l'heureux possesseur de la vigne, *ob proprias virtutes et repertum Laocohontis divinum simulachrum*. Jules II s'empressa d'acquérir à tout prix la précieuse trouvaille et de lui faire construire un édicule spécial, une *capelletta*, au Belvédère. Sadolet, l'humaniste illustre et futur cardinal, la célébra dans des vers latins qui coururent le monde et que Lessing encore a trouvés dignes d'éloge. A peine arrivé au Vatican comme otage (1510), Frédéric de Gonzague, un enfant de douze ans, ne rêvera qu'à faire exécuter pour sa mère une copie de cette *opera divina* ; le vainqueur de Marignan, cinq ans plus tard, aimera mieux demander tout simplement l'original, lors de sa rencontre avec Léon X à Bologne : et l'on s'imagine l'embarras du pontife devant un monarque aussi puissant qu'indiscret... La popularité de Virgile, la précision de Pline, l'émouvant du sujet, la grandeur de la conception et le fini du travail, tout se réunissait pour subjuguer les esprits à la vue d'une pareille œuvre. « Le choix du moment, dans cette composition, n'a pas son égal au monde : les contrastes dramatiques deviennent ici les plus beaux contrastes plastiques ; l'inégalité des deux fils, quant à l'âge, à la taille et à la force de résistance, se trouve merveilleusement balancée par la terrible diagonale que forme la figure du père : ce groupe est, déjà comme groupe, d'une perfection absolue. Que si maintenant vous vouliez passer au détail et vous interroger sur le pourquoi de chaque motif, sur le degré du mélange des souffrances physiques et morales qui sont là présentes à vos yeux, de véritables abîmes de science artistique s'ouvriront alors devant vous. » Ainsi s'exprime encore de nos jours, à l'égard du *Laocoon*, un juge des plus compétents et assurément le moins porté à la phrase et à l'emphase [14]. Quoi d'étonnant dès lors que les hommes de la renaissance aient crié au « prodige, » et que le travail des trois sculpteurs rhodiens leur parut réaliser tout ce que les anciens nous ont raconté du génie d'un Phidias et d'un Praxitèle ? En 1522, sous le pontificat d'Adrien VI, les ambassadeurs vénitiens mandaient de Rome à la Signorie : « Personne ici ne pense plus à l'*Apollon*, naguère encore si célèbre ; le *Laocoon* l'a complètement éclipsé... »

Le prodige, — *il portento*, — c'est ainsi, en effet, que Michel-Ange a surnommé l'œuvre d'Agésandre et de ses collaborateurs. Il eut pour ce marbre un respect religieux, eut peur d'y toucher ; lui, qui a restauré avec amour nombre de statues antiques, il désespéra de remplacer le bras manquant du prêtre troyen. N'était-ce pas un miracle, en réalité, que cette découverte faite sous ses yeux dans la vigne de Felice de Fredis et qui parut bien comme la consécration providentielle de toutes les idées qu'il s'était formées de longtemps sur les conditions véritables du grand art ? Le nu, le colossal et le pathétique, n'est-ce pas là ce qu'enseignait ce groupe avec la puissance et l'autorité du plus sublime des chefs-d'œuvre connus ? Et chose non moins merveilleuse : dans l'espace de quelques années, un peu avant ou un peu après le *Laocoon*, d'autres chefs-d'œuvre, à divers degrés appréciés et exaltés, — le groupe de l'*Antée*, le *Torso* du Belvédère, la *Cléopâtre*, le *Tibre* et le *Nil*, — étaient successivement exhumés de ce sol fertile de Rome, tous portant le même caractère et le même précepte ! Tous ces marbres ne semblaient sortir de leur tombe que pour témoigner en faveur de l'idéal conçu par Buonarroti. Cet idéal qu'il avait entrevu dans son *David*, qu'il avait rêvé dans son projet du mausolée, il va enfin le réaliser par un travail acharné de cinq ans dans la chapelle mystérieuse, son antre du Carmel, comme on l'a si bien appelée. Il y vivra comme Élie, et n'y aura pour interlocuteurs que les prophètes et les sibylles.

VI. — UNE VUE SUR LE « RINASCIMENTO. »

Il y avait peu de monde cet après-midi dans la Sixtine, et j'ai pu, sans être trop dérangé, repasser avec loisir les peintures de la voûte. Grâce aux relations déjà anciennes avec le *custode*, j'ai pu monter aussi tout en haut, sur la galerie qui longe les parois sous les fenêtres. On est très mal à l'aise sur ce balcon horriblement étroit ; encore ne voit-on de là que quelques parties seulement de l'œuvre immense : mais on les voit de près, en toute splendeur et *terribilità*. L'élévation du lieu, où ne pénètrent plus les conversations insipides d'en bas ; la solitude presque assurée (car rarement touriste affronte la fatigue de la montée) ; le jeu des rayons du soleil avec les couches de poussière et de toiles d'araignées qui forment comme une atmosphère vaporeuse et pailletée d'oraux figures apocalyptiques dont vous êtes entouré : tout cela produit une sensation indicible et ne laisse pas de vous plonger dans des rêveries étranges... Au bout d'un certain temps il m'a semblé que je me trouvai sur le fameux « pont » construit au mois d'août 1508 par les soins de Michel-Ange, pour l'installation de ses travaux. J'étais blotti dans un coin, haletant et osant à peine respirer : à quelques pas de là, le maître immortel pointait son carton sur un pan de mur fraîchement recouvert de chaux humide. Tout à coup, une ombre vint se dresser derrière l'artiste et, lui touchant l'épaule, s'exprima ainsi qu'il suit : — « Vous vous trompez, Buonarroti, et bien d'autres encore se trompent avec vous. Vous prenez pour l'épanouissement suprême et l'apogée du grand art ce qui n'en a été que le déclin, voire la décadence. Vos *prodiges* du Belvédère, — le Laocoon, le Torso, l'Apollon, — n'ont rien de commun avec l'âge d'or de la statuaire, avec ce siècle de Périclès, dont vous entretiennent les Poliziano, les Bembo et les Castiglione, sur la foi de leurs auteurs. Vous n'avez là devant vous que des œuvres d'épigones, de l'école de Rhodes ou de Pergame, de l'époque posthume du vrai génie hellénique. La source des hautes inspirations était tarie, la flamme divine éteinte depuis longtemps, quand ces tard-venus d'une floraison sans pareil ont voulu suppléer par la force ou par la finesse, par la passion ou par la grâce, à la touchante simplicité et à la beauté sévère que les maîtres d'autrefois avaient su donner à leurs conceptions sublimes. De ces maîtres d'autrefois, l'Italie ne possède plus une seule œuvre authentique et originale. La pensée d'un Polyclète ou d'un Praxitèle survit peut-être et reluit parfois dans tel marbre de Rome représentant un athlète, un satyre, ou une Vénus ; mais le travail en est postérieur, la plupart du temps des Césars : c'est un travail de seconde ou de troisième main, une reproduction d'ordinaire faible et malhabile faite d'après un modèle ancien inimitable et maintenant disparu. Vous ne voyez partout que les copies seulement des chefs-d'œuvre évanouis, le plus souvent même les copies des copies…

« Le grand art existe pourtant encore sur cette terre, Buonarroti ; le siècle de Périclès est toujours debout, resplendissant dans la plus magnifique de ses créations ! .. Là-bas, à deux jours du détroit de Messine, sur un rocher nu et brûlé par le soleil, se dresse le Parthénon presque intact, avec ses métopes, avec ses frises et ses tympans. Le Turc en est maintenant le gardien indifférent — ce sultan Bajazet chez lequel vous avez voulu prendre du service dans un moment de défaillance ; — mais il y a cinquante ans à peine, les maîtres de l'Acropole étaient des chrétiens, des Italiens. Il y a cinquante ans, une famille florentine, bien connue de vous et qui a bien mérité aussi des lettres, les Acciaiuoli, régnait à Athènes, avait aux Propylées sa résidence déjà séculaire. Les relations entre

II. Cinquecento, deuxième partie

la Toscane et l'Attique étaient animées et fréquentes, le goût des belles choses très répandu, la passion de l'antiquité dans toute son effervescence : et ce sera encore l'étonnement insigne des siècles futurs, qu'aucun des nombreux visiteurs de l'Acropole sous les Acciaiuoli n'ait été frappé de la majesté incomparable des sculptures de Phidias, n'en ait signalé la présence, rapporté la bonne nouvelle au monde du Médici et de Palla Strozzi. La postérité aura également de la peine à comprendre que les temples de Paestum aient pu échapper à l'attention de vos architectes, si admirables par le génie et l'application. Brunellesco, Alberti, San-Gallo, Bramante, ont compulsé Vitruve avec ardeur, ont mesuré tout fût de colonne, examiné avec soin chaque base et chaque chapiteau qu'ils voyaient gisant sur le sol de Rome, sans même se douter que trois periptères, les plus glorieux exemples de l'architecture dorique, se trouvaient là à leur portée, sur la terre italienne, à quelques pas de Salerne… Pendant une longue suite de générations encore, ces merveilles de Posidonia et du Pirée solliciteront en vain le regard de vos artistes, la curiosité de vos humanistes, un jour même, — jour à jamais néfaste ! — le boulet d'un amiral vénitien viendra frapper le Parthénon et détruire le plus auguste monument de la grande antiquité : et cet immense désastre passera inaperçu, ne trouvera aucun écho de douleur, dans un siècle *classique* entre tous et fier comme nul autre de son culte pour les Grecs et les Romains ! ..

« C'est que votre méprise, Buonarroti, a été celle de tout le monde, de tous les brillants esprits qui ont inauguré en Italie le retour vers l'idéal classique, l'étude enthousiaste de ces modèles d'harmonie et de beauté que les anciens ont laissés dans leurs œuvres. L'enthousiasme fut, dès l'origine, tumultueux et confus : on ne sut distinguer les mérites divers ni les phases multiples d'un vaste développement qui a eu sa jeunesse, sa maturité et sa décadence ; et on s'est attaché de préférence aux productions du déclin, de l'époque alexandrine ou romaine, parce qu'elles étaient plus répandues, plus accessibles, plus faciles à comprendre, plus aisées aussi à imiter. Virgile, que votre Dante déjà avait pris pour guide, pour « son auteur, » l'emportera ainsi encore longtemps chez vous sur Homère ; et de même Horace l'emportera sur Pindare, Sénèque sur les grands tragiques d'Athènes. Dans les arts du dessin, le malentendu sera d'autant plus général et profond, que les monuments de l'âge d'or seront plus rares et d'un abord difficile ; rencontrés d'aventure, ils n'auront aucune prise sur une humanité façonnée à des modèles différens qui lui font mirage et représentent à ses yeux la tradition classique par excellence et la perfection idéale.

« Le mirage durera pendant des siècles, fera le tour du monde, et ne se dissipera que très tard sous l'influence des courants nouveaux, des rivalités nationales et des découvertes bien extraordinaires. L'intérêt croissant pour la poésie populaire dans divers pays, l'étude des traditions et légendes indigènes auront pour contrecoup de faire éclater le charme naturel, la simplicité magistrale et la fraîcheur printanière de l'épopée ionienne. Des débats passionnés sur le mérite du théâtre *welche* ou *saxon* sortiront un examen judicieux et une glorification suprême des tragédies d'Eschyle et de Sophocle. Une tournée de vacances d'un peintre obscur aux environs de Salerne révélera tout à coup l'existence des temples de Paestum et la majesté sublime de l'architecture grecque. Deux petites villes de province, englouties par l'éruption d'un volcan et demeurées sous terre près de deux mille ans, sortiront soudain de leur tombe, secoueront leur linceul de lave, et la splendeur de leurs bronzes, la grâce de leurs peintures murales, de leurs joyaux et jusqu'aux outils de la vie ordinaire, donneront l'échelle, bien réduite à coup sûr, mais bien prégnante aussi, de ce qu'a dû être le grand art de la grande époque. Les notions reçues sur l'idéal classique subiront insensiblement une révision graduelle : on commencera à distinguer entre l'original et la copie, à faire la part du génie hellénique et du génie romain dans l'héritage légué par les anciens.

« Viendra ensuite un siècle à nul autre pareil pour l'ardeur dans la recherche et l'universalité dans la compréhension. Ce siècle étudiera les langues, les croyances et les arts de tous les peuples dans leurs origines les plus reculées et dans leur développement le plus éclatant. L'idéal classique, il le reconstruira pièce par pièce, dans ses épopées, dans ses drames, dans ses temples et dans tout son monde de statues. Il interrogera avec acharnement les restes mutilés du Pirée et d'Olympia, de Pergame et de Rhodes ; il rétablira la chaîne des temps depuis les marbres de Sélinonte et d'Égine jusqu'aux reliefs informes de l'arc de Constantin, et assignera au moindre débris de l'antiquité sa date et son école avec une sagacité merveilleuse… Ironie éternelle des choses d'ici-bas ! Ce siècle, si admirable par l'ampleur de ses investigations et l'étendue de ses connaissances, ne saura en revanche rien créer, rien produire, et il n'est pas jusqu'à sa curiosité universelle qui ne sera la marque fatale de sa stérilité incurable ! Une fois de plus, cette pauvre humanité aura renouvelé l'expérience souvent faite déjà, et que connut le premier homme dès les premiers jours de la création : l'arbre de la science n'est point l'arbre de la vie…

« Et du haut de cette voûte, après tant de périodes révolues, vous pourrez toujours, ô Buonarroti, — comme ce Jéhovah dont vous venez de créer ici même le type incomparable, immortel, — contempler votre œuvre *et voir que cela était bon*, et défier les générations à venir, de faire mieux ou seulement rien d'approchant… »

— *Signore, si chiude* ! me cria d'en bas le *custode*, impatient de sa liberté et de sa *buona mancia*.

Notes

1.   Voir la Revue du 1er février.

2.   Les deux œuvres de Sansovino à Sainte-Marie du Peuple sont de 1506-1508, Voy. Vasari, édit. Milanesi, IV, 527.

3.   Michel-Ange a lui-même déclaré qu'il n'a jamais travaillé que pour les pape » ; or, sous le pontificat de Jules II, il n'a cessé de pourvoir largement aux besoins de sa famille, d'acheter même des terres en Toscane : preuve évidente qu'il n'était pas dans la détresse, quoi qu'on ait dit.

4.   Salle IV, n° 134 ; la peinture est très retouchée. Le Capitole possède aussi un admirable buste en bronze, probablement d'après le modèle exécuté par Daniele da Volterra lors de la mort de Michel-Ange. Le même Volterra a donné les traits de Michel-Ange à une figure d'apôtre dans son tableau de l'Assomption à San-Trinita de Monti (3echapelle) : l'apôtre du premier plan à droite, adossé à un pilier.

5.

Quanto fu dolce el giogo e la catena

De suoi candidi braci al col mio volti…

Sonnet de Raphaël, écrit de sa main sur une feuille des esquisses pour la grande fresque de la… Théologie aux Stanze ! La feuille est conservée à Oxford.

6.   Voir entre autres L. V. Scheffer, Michel-Angelo, eine Renaissancestudie, Altenburg, 1892.

7.   Les pièces antiques les plus remarquées aujourd'hui aux Uffizi, — telles que l'Arrotino, les Lutteurs, le groupe de Niobe, — n'étaient pas encore découvertes à l'époque dont il est parlé ici.

8.   L'Ange au candélabre et San-Petronio à Bologne ; le Satyre dans le groupe antique restauré (Bacchus et Satyre) des Uffizi ; le Giovannino (beaucoup contesté, du reste) du musée de Berlin. Quant à l'Adonis du Bargello, il n'est pas douteux pour moi qu'il appartient à une époque bien postérieure : sa pose tourmentée est identiquement la même qu'on voit aux provinces foulées aux pieds par les Victoires, dans le dessin des Uffizi pour le tombeau de Jules II. M. Heath Wilson affirme même (p. 31) que l'Adonisest en marbre de Saravezza, auquel cas la statue ne saurait être exécutée que beaucoup plus tard encore, l'exploitation des carrières de Saravezza n'ayant commencé qu'à partir de 1517.

9.   On était, jusque dans les derniers temps, très incertain quant à l'époque où fut trouvé l'Apollon (on la plaçait généralement vers 1500) ; lorsqu'une découverte faite à l'Escurial en 1887 par M. Justi, l'éminent biographe de Winckelmann et de Velasquez, est venue apporter une vive lumière. Il s'agît d'un cahier d'esquisses italien, composé vers 1491 et qui contient déjà le dessin de la statue de l'Apollon du Belvédère avec le bras gauche encore manquant et l'indication : nel orto di San-Petro-in-Vinchola. Tout porte à croire que l'Apollon fut trouvé sous le pontificat d'Innocent VIII (voir Jahrb d. deutsch. Archäolog. Institutes, V, 1890, article de M. Ad. Michaelis) ; et il n'est pas douteux maintenant que Michel-Ange l'a connu lors de son premier séjour à Rome et avant d'exécuter le groupe de la Pietà.

10.   La grande croix derrière le groupe, dans la chapelle de Saint-Pierre, est une addition postérieure, contraire à la pensée de l'œuvre.

11.   Le Cupidon est maintenant au musée Kensington ; le Bacchus au Bargello.

12.   Combien différentes seront la statue du Sauveur à Santa-Maria sopra Minerva (1521), et celle de la sainte Vierge au mausolée des Médicis...

13.   Sur le pavé du transept à gauche, non loin de la chapelle de Sainte-Hélène.

14.   Burckhardt, Cicerone, 5e édit., I, p. 147.

III. Cinquecento, troisième partie

VII. — UN SANCTUAIRE DE FAMILLE (1505-1508). [1]

A une lieue et demie au nord-est de Rome, au-delà du *ponte Nomentano*, non loin de l'endroit appelé aujourd'hui *Vigne nuove*, le promeneur rencontre sur son chemin quelques restes des murs dont l'origine paraît remonter à l'époque des Césars. Les antiquaires croient y reconnaître la villa de l'affranchi Phaon, où Néron s'était réfugié devant l'émeute et a fini par se donner la mort d'une main tremblante, regrettant surtout « le grand artiste qui allait périr en sa personne. » Une femme, une maîtresse délaissée, — d'aucuns même pensent, une chrétienne, — réussit à dérober le corps sanglant du césar aux outrages de la populace, à le brûler clandestinement, et à transporter les cendres dans un mausolée voisin, celui de la famille Domitia. « On voit le monument, dit Suétone, du Champ de Mars (le *Corso*) s'élever sur la colline des Jardins (le *Pincio*) ; le sarcophage en porphyre est surmonté d'un autel fait de pierre de Luna, et entouré d'une balustrade en marbre de Thaos… » La tombe d'un Néron ne pouvait, dans la Rome du moyen âge, ne pas être hantée par des démons ; ils s'étaient nichés principalement dans un noyer planté tout près, et répandaient la terreur dans tout le quartier, jusqu'à ce que le pape Paschalis II eut abattu de sa propre main l'arbre funeste et fait jeter dans le Tibre les cendres maudites du tyran. Les environs du Pincio furent ainsi délivrés, au commencement du XIIe siècle, des mauvais esprits qui les avaient infestés pendant si longtemps, et le peuple reconnaissant éleva sur le lieu une chapelle qui prit le nom de *Santa-Maria del Popolo*.

Située à l'extrémité de la ville, nullement imposante par son antiquité, ses reliques ou traditions, — car rien de plus ordinaire, au moyen âge, qu'une histoire de démons expulsés, — Santa-Maria del Popolo ne devint célèbre que du jour où les Rovere l'élurent pour leur sanctuaire favori et intime. Sixte IV aimait à y faire ses dévotions, à y célébrer surtout avec pompe les événements importants de son pontificat ; Jules II, plus tard, a proclamé sous ces voûtes la sainte ligue ; c'est là aussi qu'il a suspendu la *Madone de Lorette* et son propre portrait, splendides œuvres de Raphaël aujourd'hui disparues. On ne s'explique guère ce choix fait par les deux pontifes liguriens d'une petite église quasi-suburbaine, de préférence à tant d'autres bien plus illustres, de préférence notamment à San-Pietro-in-Vincoli dont ils tenaient leur titre cardinalice, ou aux Santi-Apostoli qui faisait presque partie de leur palais de famille (le palais Colonna d'aujourd'hui). En repassant les divers édifices religieux que les Rovere ont élevés, restaurés ou embellis à Rome avec tant de zèle et de libéralité, on est frappé aussi de ne pas trouver dans le nombre une seule église des frères mineurs : nulle trace de leur munificence ou sollicitude à Araceli, à San-Francesco-a-Ripa, à San-Pietro-in-Montorio. Sixte IV pourtant et Jules II avaient commencé par être franciscains l'un et l'autre ! Ils l'étaient si peu, il est vrai, et le doux saint d'Assise eût difficilement reconnu les siens dans le complice des Pazzi et dans le soldat de Mirandole…

Elle est encore aujourd'hui d'un puissant intérêt pour tout esprit studieux, cette église au pied du Pincio, que le premier des Rovere a rebâtie de fond en comble (1472-1477.) Nul endroit à Rome ne fait mieux connaître l'art du *quattrocento* finissant : architecture, peinture et sculpture y sont d'une harmonie remarquable (troublée seulement par l'opulente chapelle Chigi et les ingérences malencontreuses de Fontana ou de Bernini) et bien des parties surprennent agréablement par une conservation peu ordinaire. L'architecture » est sobre, presque sèche, telle qu'on la pratiquait dans la ville éternelle au déclin du XVe siècle et avant l'arrivée de San-Gallo et du maître Donato da Urbino. La façade est simple, légèrement gâtée en haut par une réfection inintelligente ; l'intérieur, avec ses trois nefs et ses piliers flanqués de demi-colonnes, paraît écrasé et ne fait pas assez valoir la coupole octogone au tambour complet ; mais cette coupole, — la première de ce genre à Rome, — annonce déjà le goût naissant pour les constructions centrales dont Saint Pierre deviendra plus tard l'expression suprême. Dans les chapelles latérales, celles de droite notamment, le talent de Pinturicchio et de ses compagnons se déploie avec bien de la facilité et de la grâce, et les nombreux monuments funéraires en marbre révèlent des mains pour la plupart inconnues, mais supérieurement douées. Sur ces monuments on lit les noms aussi

de plusieurs Rovere, — Domenico, Giovanni, Cristoforo, etc.,
— les noms de Cibo, Albertoni, Mellino, Pallavicino, Chigi. On
voit qu'on est là dans une église que deux puissants papes ont
singulièrement affectionnée et que leurs parents et amis se sont
fait un devoir d'enrichir d'œuvres dignes d'un tel lieu.

Dans ce sanctuaire de la famille et de l'amitié, Jules II, dès le
début du règne, eut la pensée originale d'accorder une tombe et un
monument à un rival, à un ennemi, adversaire naguère redoutable
et longtemps acharné à sa perte.

Le cardinal Ascanio-Maria Sforza a été, en 1492, le principal
auteur de la scandaleuse élection d'Alexandre VI ; il l'a été en haine
de Giuliano della Rovere, dont il voulait à tout prix empêcher
l'avènement, n'ayant pu obtenir la tiare pour lui-même. Il fut vice-
chancelier de la sainte Église, le bras droit du Borgia ; et devant
l'inimitié de ces deux hommes ligués contre lui, le neveu de Sixte
IV dut chercher refuge à l'étranger. Alors commença pour le
Rovere une vie d'exil et de lutte, une vie d'intrigues et d'agitations
décevantes, pendant que l'astre du cardinal Sforza fut toujours
dans l'ascendant en Italie, grâce surtout à la fortune prodigieuse
d'un frère (l'entente avec le Borgia n'eut pas de longue durée). Le
frère n'était autre que Louis le More, « le Périclès de Milan, » le
protecteur de Bramante et de Léonard de Vinci, le meurtrier aussi
de son parent Galeazzo et l'usurpateur de son trône : « Homme
très saige, dit Coniynes, mais fort craintif et souple quand il avoit
paour, et homme sans foy, s'il veoit son prouffit pour la rompre… »
Il la rompit si souvent, qu'il finit par se perdre ; traître envers tout
le monde, il fut trahi à son tour par ses mercenaires suisses, et
entraîna Ascanio dans sa chute. Les deux Sforza furent emmenés
prisonniers en France (1500) ; mais le vice-chancelier de la sainte
Eglise y eut une captivité beaucoup moins dure que le duc dépossédé
de Milan : George d'Amboise, le puissant cardinal ministre de
Louis XII, et qui a passé toute sa vie à rêver la triple couronne,
tint à ménager le faiseur des papes ; il se fit même accompagner
par lui au conclave de 1503, après la mort d'Alexandre VI, dans
l'espoir quelque peu naïf de trouver en lui un auxiliaire pour ses
projets ambitieux. Acclamé à son retour avec enthousiasme par la
populace romaine, qui avait gardé bon souvenir de son faste et de
ses prodigalités, Ascanio ne pensa naturellement qu'à se faire pape

lui-même. Cette fois encore, comme au conclave de 1492, le Rovere et le Sforza se trouvèrent en face et en compétition ; cette fois aussi, un autre fut élu : mais le pontificat de Pie III ne compta que vingt-six jours, et le neveu de Sixte IV finit par monter sur le trône de saint Pierre. George d'Amboise prétendit alors ramener en France son prisonnier félon : Jules II s'y refusa péremptoirement, et le vice-chancelier put demeurer dans la ville éternelle et y occuper ses loisirs de trames pour le recouvrement du duché de Milan. Il mourut à Rome peu de temps après (28 mai 1505) à la suite des fatigues d'une chasse, âgé de soixante ans, et le Rovere décida de lui élever un superbe mausolée : « Oubliant les dissentiments, dit l'épitaphe, et ne se souvenant que des *vertus* distinguées du défunt [2]… » Il y avait de l'orgueil, sans doute, dans un tel acte ; mais il y avait aussi bien de la générosité et peut être même du courage : pareils honneurs décernés à un Sforza proscrit et dépouillé par la France n'étant pas faits pour beaucoup plaire au roi Louis XII, maître de la Lombardie, et dont le pape avait toute raison à ce moment de ménager les susceptibilités.

Un mausolée d'un caractère si exceptionnel ne pouvait guère avoir les proportions modestes des autres sépulcres à Santa-Maria del Popolo. Nous sommes en 1505, et tel projet de tombeau, conçu par Michel-Ange, a déjà entraîné la reconstruction complète de Saint-Pierre ; pour le tombeau du Sforza, on se bornera à refaire la moitié de l'église bâtie, il y a trente ans, par Sixte IV. Bramante en agrandira considérablement le chœur ; Pinturicchio y peindra la voûte ; Guillaume de Marseille y décorera les fenêtres [3] ; quant au monument funéraire du cardinal Ascanio, l'exécution en sera confiée à maître Andréa Contucci da Sansovino, artiste toscan peu connu jusque-là en Italie (il avait passé une grande partie de sa vie en Portugal), mais dont un groupe en marbre, — le *Baptême du Christ*, — venait de révéler tout récemment à Florence les rares et précieuses facultés.

C'était une œuvre remarquable en effet, et elle est restée le chef-d'œuvre de Contucci. A l'exemple de Michel-Ange dans sa *Pietà*, — et le premier à sa suite, si je ne me trompe, — Andréa s'est inspiré de la statuaire antique pour représenter un Christ nu et beau de corps ; il lui a donné en même temps une expression touchante de douceur et de recueillement, la seule expression, après tout, et quoi qu'on ait dit, qui convient à Jésus dans cet acte du baptême. A l'encontre du fils de Dieu, la figure de saint Jean est rendue avec toute la vigueur réaliste de l'école de Donatello, on dirait même avec la fougue d'un Jacopo della Quercia : c'est bien l'homme du désert, le mangeur de sauterelles, à la chevelure hirsute, au geste inspiré, à la draperie superbement contournée. Le contraste est saisissant et admirablement justifié par le sujet même de la composition. Élève à la fois d'Antonio Pollajuolo, le naturaliste à outrance, et de Bertoldo, l'initiateur classique des jardins de Médicis, Andréa Sansovino a réuni dans son groupe de Florence, avec un bonheur surprenant et dans un équilibre parfait, les tendances qui se partageaient l'art toscan vers la fin du *quattrocento*. Ce bonheur, il ne devait plus le retrouver à Rome ; mais il y trouva la renommée, et c'est pour ses sculptures dans le chœur de Santa-Maria del Popolo qu'il est encore aujourd'hui le plus cité et célébré.

Le tombeau de Sforza est construit dans la donnée traditionnelle d'un monument adossé au mur, avec un sarcophage placé au milieu, dans une vaste niche qui rappelle les *arcosolia* des catacombes et en procède peut-être ; mais l'*arcosolium*, cette fois, devient un colossal arc de triomphe : on pense involontairement aux arcs de Constantin et de Septime Sévère du Forum. Le mausolée dépasse encore en ses masses et en ses richesses celui de Nicolas V et de Pie II ; il est divisé en plusieurs étages et compartiments ; des demi-colonnes ont été substituées aux anciens et simples pilastres ; colonnes, architraves, piédestaux et champs-plats sont couverts de coquillages, de festons, d'armoiries et d'une profusion d'ornements. Très variés et délicats, ces ornements ont seulement le tort de troubler l'œil et de détourner l'attention des figures, beaucoup trop nombreuses aussi. Au sommet, au-dessus de l'attique supérieur, on voit Dieu le Père assis et bénissant entre deux anges qui tiennent des flambeaux. Dans les compartiments latéraux, la Prudence, la Justice, la Foi et l'Espérance se dressent en grandeur presque naturelle. Les allégories visent à une certaine noblesse classique qu'elles atteignent parfois, et si leur constant *contraposto* nous paraît maintenant systématique à l'excès, il faut cependant en reconnaître la nouveauté pour l'époque. La principale innovation toutefois, et qui a fait école, est dans la pose donnée par l'artiste à la statue du cardinal : le mort est représenté, non point étendu dans l'attitude du repos éternel, mais accoudé, un peu replié sur lui-même, et comme rêvant dans un sommeil passager... N'allez pourtant pas chercher je ne sais quelle pensée transcendante dans ce qui n'est au fond que la simple conséquence technique des proportions agrandies du monument. A mesure, en effet, qu'on, amplifiait et exhaussait les tombeaux, la figure placée sur le cercueil, et couchée tout au long sur le dos, devenait de plus en plus difficile à reconnaître, disparaissait même complètement aux regards. Pour obvier à l'inconvénient, certains artistes (Pollajuolo, entre autres, dans le cénotaphe d'Innocent VIII à Saint-Pierre) avaient déjà eu l'idée singulière de doubler la statue, de la donner à la fois couchée sur le catafalque et assise en vie sur un trône au-dessus. D'autre part, dans le projet gigantesque de Michel-Ange, Jules II était tenu a en suspens » tout en haut par des anges occupés à le déposer dans le sarcophage. Contucci a trouvé un expédient beaucoup plus facile, mais aussi un peu trop ingénu : tournée tout d'un côté et appuyée sur le bras, la figure ne se dérobait plus au spectateur, mais n'avait en revanche ni l'animation de la vie, ni la majesté imposante de la mort. Étrange monument funéraire qui n'éveille aucune pensée de tristesse ou de recueillement ! Ce n'est point le sommeil du juste que l'on croit contempler, mais bien la siesta du riche ; les vertus et les allégories semblent plutôt former le cortège d'un haut dignitaire, être là pour la pompe, nullement pour la prière.

Sansovino venait à peine de terminer le sépulcre de Sforza, qu'au commencement de l'année 1507 mourait le cardinal Girolamo Basso, évêque de Lorette, un des rares neveux de Sixte IV, qui eût pris le sacerdoce au sérieux et donné l'exemple d'une vie de dévotion et de sainteté. Jules II chargea aussitôt Andréa d'élever une tombe à son parent défunt : elle devait être le pendant du mausolée d'Ascanio et n'en fut en réalité que la copie. Rarement artiste s'est répété avec autant de désinvolture et a pris si peu de peine à varier son sujet. La même observation s'impose devant une autre œuvre que des juges compétents s'accordent à attribuer à Contucci : je veux parler d'un petit monument en l'honneur d'un certain Pietro de Vincenti, qu'on voit dans le corridor, près du portail sud de l'église Araceli. Essai préliminaire ou réduction postérieure [4] de la grande composition dans le chœur de Santa-Maria del Popolo, le morceau témoigne, dans l'un comme dans l'autre cas, d'une monotonie d'invention vraiment désolante.

Qu'un artiste dénué à ce point d'originalité et de puissance créatrice fût parvenu à inspirer tant d'admiration aux contemporains de Jules II, il faut en chercher surtout la cause dans l'élégance incontestable et la suprême distinction de son ciseau, dans son effort assidu, et bien souvent couronné de succès, pour s'approprier certains idiotismes gracieux de l'ancienne statuaire. N'oublions pas que le charme de Raphaël n'a point encore opéré en ces années 1506 et 1507 : le magnifique enchanteur qui saura bientôt évoquer Calliope dans la fresque du Parnasse et faire sourire Galatée sur un pan de mur de la villa Chigi, vient à peine de quitter ses vallées d'Ombrie. L'art classique n'a été étudié jusque-là que dans ses détails extérieurs par un Donatello, un Mantegna et un Ghirlandajo entrevu comme dans un rêve printanier par Botticelli ; seul Michel-Ange a pénétré au fond du sanctuaire, mais n'a daigné s'y incliner que devant les grands mystères et les grandes terreurs. C'est à ce moment qu'apparut Contucci dans la ville éternelle avec un sens très aiguisé pour les fines et aimables qualités de la sculpture et de l'ornementation antiques, et il ravit les Romains par une préoccupation constante de la beauté, — beauté quelque peu vague et conventionnelle, mais agréable, — par la recherche surtout d'une décoration à la fois riche et exquise. Son succès fut nécessairement aussi prompt que de courte durée, du moins auprès des esprits supérieurs. Il est remarquable, assurément, qu'à partir de 1507 Sansovino n'a plus reçu de nouvelle commande du pape mécène, malgré toute la protection de Bramante, et que le seul travail qu'il ait encore fait du vivant de Jules II fut pour le compte du protonotaire allemand Coritius (1512). Le fameux groupe à Sant'Agostino (la Vierge avec l'enfant et sainte Anne) est une traduction en marbre du carton de Léonard de Vinci : œuvre hybride et dont je me résigne à ne pas comprendre le mérite tant exalté par maint connaisseur.

Les deux grands tombeaux dans l'église au pied du Pincio n'en constituent pas moins une date mémorable, et marquent une phase importante dans l'histoire des monuments funéraires à Rome. Leur influence est visible, entre autres, dans le monument du pape Adrien : VI (Santar Maria dell' Anima), dans celui du cardinal Michiel (San-Marcello al Corso), du cardinal Armellini (Santa-Maria in Transtevere) ; ce dernier est même figuré comme endormi pendant une lecture : le livre est refermé,, emprisonnant un des doigts qui marque la page ! Le plus surprenant toutefois, c'est d'être rappelé à Contucci aussi tard qu'en 1545, et devant le *Moïse* de Michel-Ange ! En 1545, en effet, lorsque le vieux Buonarroti, pour en finir avec ce ; qu'il appelait « la tragédie du tombeau, » se fut désintéressé de l'œuvre de sa vie, au point d'en abandonner l'achèvement à des mains étrangères, les artistes de second et de troisième ordre qui s'étaient chargés du travail sont allés chercher leur inspiration au chœur de Santa-Maria del Popolo : le *pontefice terribile* qui, dans le projet originaire, devait être « tenu en suspens » par des anges au-dessus du sépulcre, apparaît maintenant à San-Pietro-in-Vincoli piteusement blotti et ramassé sur lui-même, à l'instar du cardinal Ascanio ! .. Mais vingt ans auparavant [5], le Titan de la renaissance avait déjà brisé tout le moule ancien et inauguré un type nouveau et fatal. Au mausolée des Médicis, les deux *capitani* ont été placés par lui sur leurs tombes, assis et vivants : ils sont là devant nous dans la vigueur et L'animation de leur existence terrestre ; et cet exemple fera désormais loi. A Santa-Maria sopra Minerva, Léon X et Clément VII sont représentés sur leur trône pontifical, les clés de l'apôtre dans la main gauche, et bénissant de la main droite ; Paul III, Farnèse, aura une attitude semblable à Saint-Pierre, il y sera même dégagé de toute niche, de tout encadrement architectonique. Le vif a saisi le mort, et c'en est fait pour toujours de la conception du moyen âge d'un cercueil avec la figure couchée du défunt : thème sévère et grandiose qui a si longtemps inspire les Pisans, les Cosmates, les admirables sculpteurs toscans du *quattrocento* et auquel Andréa Sansovino a donné la dernière expression, — déjà bien débordante, emphatique, — dans les tombeaux de Sforza et de Girolamo Basso.

Sur la fin de sa vie et longtemps après avoir créé ses *capitani* dans la chapelle San-Lorenzo, Michel-Ange s'essaiera encore une fois à un monument funéraire, imaginera un type tout à fait original et unique, et ce monument, il le destinera pour sa propre tombe. Ce sera une *Pietà* en forme pyramidale à quatre figures : Nicodème y soutiendra de ses bras le Christ mort, pleuré par la sainte Vierge et

Madeleine ; et à ce Nicodème en cagoule, l'artiste octogénaire prêtera les traits connus et sombres, flétris de bonne heure par le poing de Torrigiano ! .. Il travaillera avec acharnement et en cachette à ce groupe colossal, — il y travaillera surtout la nuit en s'éclairant, vrai cyclope, d'un flambeau attaché à son front, — jusqu'au moment où, découvrant tout à coup une veine dans l'immense bloc de marbre, il le fera éclater en pièces et laissera tomber le ciseau de ses mains défaillantes. Les morceaux pieusement recueillis et rajustés par un jeune ami du sculpteur, Tiberio Calcagni, ont fini par être déposés en 1722, sur l'ordre de Côme III, dans la pénombre de Santa-Maria del Fiore, derrière le grand autel ; mais Vasari fut bien mieux inspiré en demandant, dès 1564, à placer à Santa-Croce le groupe mutilé qui contenait la dernière pensée du maître, — car elle était magnifique, la pensée du Prométhée expirant, de se représenter après la mort, en froc de pénitent serrant sur le cœur la Passion du Christ et la douleur des deux Maries [6]...

Mais n'êtes-vous pas frappé de la place immense et mystérieuse que la tombe n'a cessé de tenir dans l'art chrétien, depuis le crépuscule des catacombes jusqu'au plein midi de la renaissance ? .. Les cryptes de Lucilla et de Callixtus, — le mausolée de Galla Placidia, — la basilique sépulcrale de Saint-François, — le *Campo santo* de Pise, — les *sagre grotte* du Vatican, — le cénotaphe de Jules II, — les monuments de Santa-Maria del Popolo, — la chapelle des Médicis, — la *Pietà* du Dôme de Florence : ainsi pourraient être intitulés les divers chapitres de cette histoire extraordinaire d'une sculpture et d'une peinture qui ont grandi toutes les deux à l'ombre de la mort !

VIII. — « BELVEDERE » (1509).

Une tête superbe et presque entièrement dénudée, sauf quelques boucles de cheveux tout près de la nuque ; le crâne, le front, les sourcils et les yeux d'une puissance extraordinaire, et contrastant singulièrement avec l'extrême délicatesse d'un nez camus, de la bouche et du menton, — on dirait un Socrate glabre et affiné, avec son fonds de bonhomie spirituelle et de la vivacité juvénile en plus : — tel apparaît, dans la *Dispute du Saint-Sacrement*, maître Donato da Urbino, surnommé *il Bramante* ; et certes, dans ce vieillard charmant et impétueux qui, appuyé à une balustrade, tient d'une main un gros volume ouvert (Vitruve ?), tandis que de l'autre il y indique un passage à quelqu'un placé derrière lui, on devinerait difficilement l'homme méchant et envieux, l'intrigant vil et pervers que Michel-Ange n'a cessé de dénoncer pendant toute sa vie.

La rancune féroce contre l'illustre constructeur de Saint-Pierre est un des traits saillants et des plus déplaisants, il faut bien le dire, chez le grand Florentin ; c'est une de ces haines inextinguibles, inexpiables, comme on n'en rencontre que dans les fortes et violentes natures du *quattrocento*. Ni la mort du rival, ni les succès propres, immenses, ne parviendront pas à désarmer un ressentiment dans lequel le doux et gracieux Santi aura aussi sa large part. En 1542, trente ans après le décès de Bramante, vingt-deux ans après celui de Raphaël, Buonarroti terminera un long mémoire sur sa « tragédie » du tombeau par ces lignes prodigieuses : « Toutes les difficultés entre le pape Jules et moi sont venues de la jalousie de Bramante et de Raphaël. Si le tombeau ne fut pas continué, c'est qu'ils voulaient ma ruine ; et Raphaël avait bien raison d'en agir ainsi, puisque tout ce qu'il savait en matière d'art, il le tenait de moi… » — Notez que Raphaël n'est venu à Rome que trois ans après les « difficultés » en question et alors que le peintre des *Prophètes* et *Sibylles* était déjà en pleine activité sur son « pont » de la Sixtine ! — En 1553, Michel-Ange, octogénaire et au faîte d'une gloire incomparable, se servira encore de son porte-voix Condivi pour lancer contre l'architecte favori du Rovere l'odieuse accusation d'avoir cherché à gagner indignement sur les travaux dont il était chargé par un pape qui le comblait de richesses, d'avoir employé à cet effet les plus mauvais matériaux et fait le possible pour l'éloigner, lui, Buonarroti, de Rome et du Vatican, de peur qu'il ne dévoilât ses malversations ! ..

Je ne trouve nulle trace, pas la moindre ombre de ces soupçons outrageants dans les écrits des contemporains, dans le *Journal* de Paris de Grassis par exemple, qui n'aime guère le *Rovinante*, ou dans l'*Histoire* de Sigismondo de' Conti qui déplore amèrement la lenteur (*cunctatio*) des travaux de Saint-Pierre : les lenteurs d'un Bramante ! J'ai déjà parlé du pamphlet paru à Milan, en 1517, contre maître Donato, et on a pu juger de l'esprit fin et caustique de son auteur ; mais tout en reprochant au grand architecte sa rage de démolitions et de constructions, Andréa da Salerno n'a garde de noircir son caractère et de mettre en doute sa loyauté. Sous une forme badine et enjouée, il trace de l'artiste un portrait qui ne manque pas de piquant ni même de ressemblance, et voici les propos qu'il lui fait tenir devant le prince des apôtres, en demandant l'entrée au Paradis : « Je ne me suis jamais lassé de seconder les talents, et je n'ai jamais regardé aux dépenses pour vivre agréablement. Pourquoi les anciens ont-ils donné la forme ronde aux monnaies, si ce n'est pour qu'elles puissent d'autant mieux rouler ? .. J'ai éloigné de moi autant que j'ai pu toute mélancolie, et n'ai pensé qu'à nourrir mon âme d'allégresse et de plaisir. Dieu n'a-t-il pas donné à l'homme ce que vous appelez le libre arbitre ? L'homme est donc libre de vivre librement ! Il lui est défendu de tuer, de voler et d'injurier son prochain ; pour le reste, qu'il mange, boive, s'amuse et, s'il a du bon sens, qu'il suive la béate indolence d'Épicure... »

Épicurien, il le fut peut-être, mais non point indolent à coup sûr, et la joie de vivre a toujours été ennoblie chez lui par une grande générosité et une véritable élévation d'esprit. « Fils patient de la pauvreté, » comme dit si gentiment de lui son élève Cesario Cesariani, il sut jouir des biens de ce monde et s'en passer au besoin : je n'en veux pour preuve que sa résolution, lors de son arrivée à Rome, de ne rechercher pendant un certain temps aucun emploi et de vivre modestement de ses petites épargnes lombardes, afin d'avoir tout le loisir pour étudier les monuments de la ville éternelle. Inutile d'insister sur le sérieux de la vocation chez un maître qui, vieux et infirme, a continué à travailler jusqu'à son dernier jour avec toute l'ardeur de la jeunesse ; l'admirable, c'est que ce sérieux n'a jamais exalté son orgueil, ni altéré en rien sa constante bonne humeur. Aimable et serviable envers tous les talents, sans acception d'école ou de province [7], il se faisait tout à tous : prêtant son concours à Sansovino pour l'encadrement de ses deux tombeaux, dessinant l'architecture pour *l'École d'Athènes* de Raphaël, et construisant l'échafaudage pour les travaux de Michel-Ange dans la Sixtine ; il est vrai que ce dernier trouva l'échafaudage exécrable, y vit je ne sais quelle machination infernale, et s'en débarrassa au plus vite. Il aimait la joyeuse compagnie, la bonne

chère, le gai propos, et se plaisait même aux facéties et aux *rébus* ;
mais c'est aussi dans cette animation et dans cette animalité,
franche et robuste, qu'il a puisé l'énergie extraordinaire d'une
transformation merveilleuse, d'une palingénésie rare, peut-être
unique dans l'histoire des génies.

Il avait passé le meilleur de sa vie à Milan, auprès de Louis le
More, comme ingénieur, architecte et même peintre à l'occasion.
Dans ces plaines lombardes, le voisinage du Nord ne laissait pas
d'exercer une influence comme n'en connurent guère les autres
parties de la péninsule ; le gothique *transalpin*, avec la liberté
de ses allures, le capricieux de ses profils et saillies, la diversité
de ses combinaisons, venait s'y joindre au vieux fonds roman
pour faire éclore des constructions le plus souvent bizarres, peu
rationnelles, mais parfois aussi attrayantes par leur étrangeté
même. La Lombardie ne possédait pas de carrières de marbre
ou de travertin : elle avait forcément recours à la brique et à la
terre cuite, et ces matériaux souples et maniables étaient une
tentation de plus à se jouer des difficultés techniques et à faire
litière de certaines lois fondamentales de l'architecture. Maître
Donato s'était saisi de toutes ces conditions bonnes ou douteuses,
de ces qualités et de ces défauts, pour produire un art original,
mouvementé et gracieux, qui eut sa grandeur, qui eut sa raison
d'être et qui garda longtemps dans ces contrées le nom justement
honoré de *bramantesque*. Des galeries minces, aériennes, autour
des coupoles élancées ; des étages en retraite les uns sur les autres ;
des chapiteaux aux volutes de dauphins, d'hippocampes, de
sphinx, d'enfants avec des cornes d'abondance ; des piliers couverts
jusqu'à la moitié de leur hauteur de vastes feuilles d'acanthe ; de la
polychromie, des effets de pittoresque et de trompe-l'œil : tels sont
les traits insolites, irréguliers, mais fascinants qui vous frappent à
Santa-Maria presso San-Satiro, au cloître de San-Ambrogio et à la
cathédrale d'Abbiate Grasso… Pendant vingt-cinq ans Bramante
avait ainsi poursuivi triomphalement sa carrière lombarde,
semant partout ses bâtisses fines, élégantes, pleines de légèreté et
d'imprévu ; créant une nombreuse école d'élèves remarquables,
parmi lesquels il suffit de nommer ceux qui ont décoré la façade de
la Chartreuse de Pavie, et voyant son style s'étendre et s'épanouir
le long de la vallée du Pô jusqu'à Parme, jusqu'à Bologne : lorsque

soudain la catastrophe de Louis le More (septembre 1499) vint disperser à tous les vents les artistes hors ligne que le Sforza avait su réunir à.sa cour de Milan. Léonard de Vinci trouva de l'emploi auprès de l'horrible César Borgia ; maître Donato da Urbino alla chercher sa fortune à Rome [8]. Les ruines classiques de la cité éternelle produisirent aussitôt sur son esprit une impression toute-puissante, subjuguante. Il renonça aux commandes lucratives, vécut pauvrement et s'adonna tout entier à une étude approfondie des nobles vestiges d'un grand monde disparu. Absorbé dans sa pensée et dans sa solitude, — *solo e cogitativo* est la belle expression de Vasari, — il n'a lait pendant près de deux ans qu'errer dans la ville, s'arrêtant à tout arc brisé, devant chaque voûte délabrée et béante, prenant les mesures des colonnes, des piliers et des murs. Il poursuivit l'investigation dans la *campagna*, à la villa d'Adrien, aux petits temples de Tivoli ; il poussa jusqu'à Naples : un pas de plus, et Paestum allait peut-être lui révéler ses mystérieux trésors ! .. Il manqua cette fortune suprême ; mais il comprit et s'éprit assez de l'antiquité ainsi ardemment poursuivie, pour rompre du coup avec sa manière lombarde et inaugurer un style tout à fait opposé, le grand style de la haute renaissance, le style qui depuis lors et jusqu'à nos jours n'a cessé de dominer notre architecture moderne. Et cette révolution immense dans tout son art, dans tout son être, Bramante l'entreprit à l'âge de cinquante-six ans, ayant déjà un long passé de gloire derrière lui, devant lui deux lustres seulement d'une vie nouvelle ! .. La *vita nuova* du maître Donato, — comme celle de Dante, deux siècles auparavant, — a eu pour date, notons-le en passant, une année de jubilé : le jubilé de 1500.

L'inspiration aisée et ailée de l'époque précédente, avec son penchant pour le pittoresque et le fantasque, avec son raffinement d'ornementation sculpturale et de minuties précieuses, fera désormais place, dans l'œuvre de l'Urbinate, au souci principal de l'effet des masses, de la beauté des proportions et de l'harmonie des ensembles : c'est, si j'ose m'exprimer ainsi, le régime impersonnel de la loi et des règles immanentes (*le quadrature*) substitué au règne subjectif de la grâce et du bon plaisir. N'oublions pas ce qu'il y a eu d'accidentel et d'arbitraire jusque chez Brunellesco et Alberti, dans les emprunts qu'ils firent à l'antiquité pour leurs chapiteaux et attiques, leurs volutes et arcatures : chez maître Donato, une pensée rigoureuse et organique présidera au choix ainsi qu'à la distribution des divers éléments constructifs. Les temples romains lui fourniront les modèles pour les colonnes isolées, tandis que le théâtre de Marcellus, avec son système de colonnes engagées et superposées, tandis que les pilastres du Panthéon, les voûtes et les niches des Thermes le guideront dans le revêtement des murs et des supports, et dans l'élévation des arcades et des *loggie*. Loin d'ailleurs de s'en tenir exclusivement à la formule antique et de s'y assujettir, il n'hésitera pas à donner le rustique toscan aux fondations cyclopéennes de San-Biagio ou au rez-de-chaussée de tel palais particulier, et gardera de son passé lombard la prédilection pour les coupoles exhaussées, les extrémités sphériques et les piliers en ressaut. Il en gardera surtout le sens exquis d'élégance et de distinction, et restera jusqu'au bout le *profilatore* incomparable du siècle. Il *affinera* le style romain massif des temps des Césars, sans lui faire perdre de sa majesté et de sa puissance ; à l'encontre de Michel-Ange, il saura unir la grâce à la force, la préoccupation de la beauté aux exigences du colossal, et l'architecture sera pour lui toujours une harmonie, une « musique, » selon l'expression célèbre d'Alberti.

La première création de Bramante à Rome fut (1502) le *Tempietto*, petit édifice circulaire à deux étages et à coupole [9] qui, dans la cour de San-Pietro-in-Montorio, s'élève sur la place même où le prince des apôtres subit le martyre. Petit édifice, grand événement : « Après une interruption de douze siècles, dit M. Burckhardt, c'est le premier monument construit de nouveau entièrement dans le pur esprit des anciens. » Les architectes de la renaissance ne se sont pas lassés de l'étudier et de le dessiner comme le type de ce qu'ils appelaient le *buon stile* ; aujourd'hui encore, il exerce un charme pénétrant sur tout visiteur éclairé- du Janicule. La magnificence du site ajoute à l'attrait du monument : à deux pas de là on jouit de cette vue admirable sur la ville, la *campagna* et les monts que Martial a déjà célébrée dans des strophes délicieuses [10]... Rien de plus curieux et de plus instructif que le parti-pris de sobriété, de sécheresse presque, qui caractérise cette œuvre initiale de la seconde manière de Bramante. Les deux jolis temples ronds de Vesta à Rome et à Tivoli (San-Stefano delle Garozze et la « Sibylle ») ont bien évidemment inspiré le *Tempietto*, mais il n'est pas jusqu'à ces modèles antiques que l'artiste n'ait cru devoir corriger dans le sens d'une simplicité plus grande encore, en éliminer tout détail superflu de moulure et de parure. Aux colonnes corinthiennes, riches et épanouies des deux édicules classiques, il a substitué dans son imitation l'ordre dorique sévère et nu ; et à l'exception des rosaces dans les cassettes en haut du pourtour, il s'est abstenu rigoureusement, et comme par pénitence d'un passé trop fleuri et flamboyant, du plus léger motif de feuillage et de végétation. De ce sacrifice volontaire, excessif même, de toute ornementation sculpturale, il a su en revanche se dédommager amplement par quelque chose de tout à fait nouveau, par une recherche de perspective aussi originale que saisissante. Une suite continue de cavités semi-circulaires et même carrées, pratiquée dans le mur extérieur de la *cella* à ses deux étages, crée, avec les colonnes du pourtour, au monument du Janicule une atmosphère idéale de lumière et d'ombre qu'on chercherait en vain aux monoptères anciens qui lui ont servi de type. Dans le plan de Bramante (plan resté malheureusement à l'état de projet), un grand portique rond devait courir tout autour du *Tempietto*, et les quatre angles coupés de la cour étaient destinés à former autant de chapelles à niches sphériques. Le principe circulaire se serait ainsi répété et répercuté à des degrés et avec des effets multiples dans le corps du bâtiment, dans le pourtour, dans le grand portique, dans la coupole, et dans les niches de la *cella*, de la cour et des chapelles angulaires. On ne saurait assez méditer l'originalité et la portée de cette combinaison ingénieuse de colonnes, de surfaces et de niches savamment alternées : elle donne à l'ensemble du monument une animation et une vie, comme le font des cannelures à l'égard de la colonne prise isolément ; tout l'édifice apparaît pour ainsi dire cannelé, mouvementé, diversement éclairé dans ses parties et dans ses profils. Appliqué *à l'intérieur* d'une architecture, comme il l'a été ici à l'extérieur, et exécuté sur une échelle vaste, gigantesque, ce système rythmique de supports et de niches deviendra la grande conception de Saint-Pierre… L'art du maître Donato est comme ce joyau merveilleux de la légende orientale qui, replié, servait d'éventail dans la main d'une jeune fille, et déployé pouvait abriter toutes les milices du padichah. La petite chapelle du Janicule et la basilique colossale du Vatican, — un jouet en maçonnerie et un cosmos en travertin et en marbre, — elles procèdent toutes les deux d'une même pensée constructive, pensée de génie.

Le portique du cloître de Santa-Maria della Pace, que Bramante entreprit peu de temps après le *Tempietto*, marque également une date mémorable dans l'architecture de la haute renaissance. Peu apparente et assez négligée dans le détail, cette œuvre inaugure cependant toute une révolution dans la manière de concevoir les halles. Le péristyle de la *Pace* longe tous les côtés de la cour carrée ; il a deux étages, l'un à voûte d'arête, l'autre à toit horizontal, et cette disposition indique déjà finement le caractère mi-religieux et mi-profane du vestibule. Le pourtour, en bas, est formé de forts piliers surmontés d'arcades ; des pilastres ioniens, appliqués à ces piliers, les dépassent en s'élançant droit jusqu'à l'architrave qui surplombe les arcades et ajoutent ainsi à l'impression de solidité du rez-de-chaussée. La galerie au-dessus, avec ses piliers composites en ressaut et sa corniche en bois, prend l'aspect d'un balcon couvert, et les sveltes colonnettes corinthiennes placées dans les intervalles des supports font l'illusion de meneaux dans des fenêtres géminées. On a déjà ici comme le pressentiment de la cour de Saint-Damase.

Une inscription monumentale qui couvre toute l'architrave du portique de la *Pace* nous informe que le cardinal Oliviero Carafa a élevé le couvent en 1504 et en a fait don aux chanoines du Latran. Ce cardinal Carafa, dont le nom se trouve si curieusement mêlé à la statue et aux origines du *Pasquino* [11], est une des figures attachantes du sacré-collège à la fin du XVe siècle. Grand seigneur de la puissante famille napolitaine des Maddaloni, il fut à la fois juriste, théologien et amateur des antiquités ; homme d'église, homme d'état et homme de guerre, amiral même au besoin. Il commanda, revêtu de sa pourpre, la flotte papale en 1472, et fit la guerre à Mahomet II, le conquérant de Constantinople. On ne saurait précisément dire qu'il s'y couvrit de gloire ; il eut cependant son entrée triomphale dans la ville éternelle, à la tête de vingt-cinq prisonniers turcs montés sur des chameaux ; spectacle tout nouveau qui charma beaucoup les Romains. Bien plus sérieux étaient les titres de l'entreprenant prélat comme mécène. Il érigea la chapelle Carafa à Santa-Maria-sopra-Minerva et la fit orner par Filippino Lippi de fresques, en l'honneur de saint Thomas d'Aquin son compatriote ; dans une de ces peintures, malheureusement très retouchées, le docteur angélique recommande le cardinal Oliviero à la sainte Vierge. Il eut aussi la bonne inspiration de protéger Bramante dans ses premiers débuts à Rome. C'est lui probablement qui a procuré à l'Urbinate la commande du *Tempietto* (San-Pietro-in-Montorio était une fondation de leurs majestés catholiques, alors très engagées dans les affaires de Naples) ; il le chargea pour son propre compte du cloître de la *Pace*, Maître Donato ne put achever ni l'une ni l'autre de ces deux œuvres : le pontife qui venait de monter sur le trône ne lui en laissa plus le loisir.

De toutes les passions artistiques de Jules II, la passion de bâtir a été la plus ancienne et la plus forte : *magnarum molium semper avidus*, a dit de lui un contemporain. Il fut l'âme de la plupart des créations monumentales dont s'enorgueillit le pontificat de son oncle Sixte IV, et il avait déjà, comme cardinal, attaché son nom aux deux églises de San-Pietro-in-Vincoli et Santi-Apostoli avec leurs palais respectifs, ainsi qu'à la basilique Sant'-Agnese et à maint autre édifice de Rome et des environs, agrandi ou embelli par ses soins. Le cachet bien personnel de l'homme, je le trouve surtout dans le curieux couvent de Grotta Ferrata, un couvent, mais en premier lieu une citadelle formidable avec des fossés, des bastions et des ponts-levis : le visiteur de Frascati garde longtemps le souvenir pittoresque du singulier monastère dont les murs crénelés dominent les platanes et les ormes du riant coteau tusculan. Tout autre est l'aspect désolé et aride d'Ostie, au milieu des dunes sablonneuses avec de rares pins mélancoliques à l'horizon ; mais là encore, à la tour principale d'une vaste forteresse, on lit les mots : « Julien de Savone, cardinal d'Ostie, a élevé cet édifice, — pour refuge contre les périls de la mer, — pour le salut de la campagne romaine, — pour la sécurité de la place, — et pour la protection des embouchures du Tibre, — dans l'année de grâce 1489, et l'année 2129 d'Ancus, le fondateur de cette ville… » Lorsque vinrent les jours d'épreuve et d'exil, et que le neveu de Sixte IV dut chercher un abri en France contre les persécutions du Borgia, il ne laissa pas de toujours sacrifier à son goût pour les constructions : à défaut de la ville éternelle, momentanément fermée pour lui, il pensa à sa ville natale en Ligurie, et chargea San-Gallo de lui bâtir un magnifique palais à Savone.

Giuliano Giamberti, d'origine toscane et fondateur de toute une dynastie d'architectes du nom de San-Gallo, a été pendant la période dont je viens de parler l'artiste favori du cardinal, et lui a même tenu quelque temps compagnie sur la terre d'exil en France. Il reprit, à Rome, sa place auprès de son protecteur dès que celui-ci eut ceint la tiare, et son influence parut assurée à jamais, alors surtout que, grâce à sa recommandation, Michel-Ange fut attaché au Vatican. Le créateur du *Tempietto* ne tarda pas cependant à devenir un rival dangereux ; il l'emporta décidément sur l'architecte florentin pour les projets du nouveau Saint-Pierre, et son ascendant alla, depuis, toujours en grandissant. Malgré son attachement véritable pour San-Gallo, Jules II n'était pas homme à lui sacrifier toutes ces *magnœ moles* dont le génie de Bramante venait de lui ouvrir les radieuses perspectives : il y avait harmonie préétablie entre le Rovere et le *Rovinante*.

Quel spectacle alors que celui de ces deux vieillards, de ces deux valétudinaires, — en moins de dix ans, ils seront descendus dans la tombe l'un et l'autre, — se traçant aussitôt le programme de Saint-Pierre, de San-Biagio et du Belvédère à la fois ! Et que ce programme résume bien les pensées maîtresses, les tendances souveraines de l'époque !... Car si la nouvelle basilique est appelée à devenir le sanctuaire « le plus beau et le plus magnifique » de la chrétienté, — « à surpasser même le fameux temple que les Grecs, anciennement, ont élevé à leur Diane d'Éphèse, » comme le dira bientôt le chanoine Albertini, dans ses *Mirabilia* ; — si San-Biagio (*via Giulia*, sur les bords du Tibre) doit concentrer dans ses murs tous les pouvoirs publics de la ville éternelle, *Offices*, tribunaux, etc., et représenter le *palazzo governativo* par excellence ; — le Belvédère, de son côté, avec ses *vedute* enchanteresses et qui justifient si bien son nom, avec sa collection incomparable de statues antiques, avec ses *loggie* que décoreront les peintres les plus renommés du siècle, avec son théâtre enfin en plein air pour les spectacles, fêtes et carrousels, va réunir dans sa vaste enceinte tout ce qui peut réjouir les regards d'un mortel : or, religion, pouvoir et jouissance, n'est-ce pas là tout le credo et symbole du *rinascimento* ?... Pour chacune de ces constructions gigantesques, Bramante imagine une architecture différente et originale, Dans son projet de basilique, il entend remplacer le principe jusque-là dominant du *rectangle*, de l'édifice à longue nef, par le principe presque nouveau (eu égard à la grandeur des proportions et à la rigueur de l'application) du *cercle*, de l'édifice à dôme central. San-Biagio, en revanche, sera un bâtiment *carré* avec un rez-de-chaussée aux bossages formidables, pareils à ceux du palais Pitti, et deux étages à colonnes engagées ; quatre tours rustiques occuperont les angles ; une cinquième, plus haute, surmontera l'entrée principale [12]. Quant au Belvédère et aux galeries qui le rattacheront avec le palais Vatican, l'artiste y épuisera toutes les combinaisons que lui ont suggérées les ruines colossales de l'ancienne Rome, le théâtre de Marcellus, le Colisée, les Thermes... Pendant huit ans (1505-1512), le vieux Urbinate mène de front ces trois tâches écrasantes, auxquelles le Rovere ne se fait pas faute d'en ajouter à chaque moment de nouvelles : le chœur de Sainte-Marie-du-Peuple, l'escalier du palais de la Signorie, à Bologne, le port de Civita-Vecchia, la *Canonica* de Lorette, etc. Pendant huit ans, il est constamment sur la brèche à Rome, ou en course sur les grandes routes de l'État pontifical : ingénieur militaire, inspecteur des travaux, surintendant des arts, architecte, il remue des mondes de pierre et de terre, abat et rebâtit partout où il passe.

Diruit, œdificat, mutat quadrata rotundis...

Il ne va pas encore assez vite pourtant au gré du terrible mécène, et il finit par faire travailler ses ouvriers littéralement jour et nuit, la nuit aux lueurs des flambeaux. Cette hâte fiévreuse aura des conséquences graves, amènera des tassements et des lézardes dans les bâtisses, et Michel-Ange y trouvera plus tard l'occasion de calomnier indignement la mémoire de l'Urbinate détesté. Disons-le aussi que les architectes de la haute renaissance en général ne se préoccupaient pas outre mesure, ni même dans la mesure convenable, de la solidité des constructions dont ils jetaient les plans sur le papier, en laissant la responsabilité de l'exécution à des subalternes. Leur grand théoricien, Leon-Battista Alberti, n'était-il pas allé jusqu'à prétendre qu'il était au-dessous de la dignité de l'architecte-artiste de travailler lui-même à la réalisation matérielle de ses idées ? Maître Donato a, sous ce rapport, laissé peut-être trop à faire à son aide, Giulian Leno. L'œuvre de Bramante, sa gloire aussi, a beaucoup souffert dans la suite de toutes ces circonstances bien fâcheuses ; mais Jules II leur a dû devoir au moins l'une de ces grandes entreprises monumentales considérablement avancée encore de son vivant. L'*Opusculum de mirabilibus novæ et veteris urbis Romœ*, qui date du milieu de 1509, parle déjà du *Belvidere* splendidement rebâti et des statues antiques célèbres réunies dans son *viridarium*, La même année, Erasme de Rotterdam fait (à Corsi) la description d'un combat de taureaux auquel il vient d'assister dans une des cours du Vatican.

Le Vatican présentait alors (comme il le fait encore aujourd'hui) une agglomération d'édifices construits à diverses époques sans aucun souci de régularité et de caractère homogène. Ce que Bramante a pensé faire pour la façade du palais pontifical du côté de la place de Saint-Pierre, nous pouvons le deviner seulement d'après cette partie de la cour de Saint-Damase où il a laissé l'empreinte de son génie, d'après ces *Loges*, ravissantes de légèreté et d'élégance en dépit du grossier vitrage qui les dépare de nos jours [13]. Toutefois le principal objectif du maître Donato dans ses travaux du Vatican, ce fut un petit pavillon (*belvédère*) construit jadis par le pape Nicolas V, en avant du palais pontifical au nord, vers les hauteurs, et qu'Innocent VIII avait rebâti en 1490, en le faisant orner de fresques par Mantegna et Pinturicchio [14]. Bramante réunit ce pavillon à la résidence pontificale en y englobant toute la vallée en pente (de 300 mètres sur 70) qui l'en séparait. Il partagea cette vallée en deux *cortili* dont le plus haut formait un jardin (*giardino della pigna*) ; la courbasse et inclinée, dans laquelle on descendait de la terrasse supérieure par un vaste escalier, avait des rangées de sièges où pouvait prendre place un public de spectateurs, et était fermée au sud par un hémicycle : c'était le *teatro* ; là avaient lieu les tournois, les carrousels, les combats de taureaux et autres divertissements de ce genre. Si étrange que puisse nous paraître à présent un pareil hors-d'œuvre dans la demeure du successeur des apôtres, il est juste de reconnaître qu'il ne blessait en rien alors le sentiment des fidèles : Nicolas V y avait déjà pensé dans le temps ; aussi tard que sous Sixte-Quint, il est encore fait mention des jeux et tournois au Belvédère [15]. Des arcades continues, à trois étages d'abord et ensuite à un seul, communiquant tout droit avec les appartements pontificaux, longeaient la cour du carrousel et le jardin des côtés ouest et est : le Colisée et le théâtre de Marcellus, avec leurs trois ordres de pilastres superposés, ont servi de modèle ici, comme aux *Loges*, dans la construction des arcades ; pour le côté nord, l'artiste s'est inspiré des Thermes : une abside colossale, haute de vingt-cinq mètres, *il nicchione*, y fermait, sur le point le plus élevé de la pente, l'immense préau de tout l'intérieur. Rome, dit Vasari, depuis l'antiquité, n'avait pas vu une conception aussi admirable.

De cette conception, il ne reste plus debout que le seul *nicchione* : la cour du carrousel a disparu sous les constructions postérieures de la *Biblioteca* et du *Braccio nuovo* ; les arcades ont été bouchées (on peut encore suivre par endroits leurs élégans profils dans les murs) ; les corridors nus, froids et monotones des musées *Lapidario*, *Chiaramonti*, etc., ont remplacé les splendides halles aux baies larges et lumineuses qui, du temps du Rovere, étaient appelées *porticus Julia*… Pour vous faire une idée de la conception de Bramante, il faut que vous ayez recours à quelque rare gravure du XVIe siècle. Si jamais, par une belle matinée, vous vous trouvez sur le *chemin du Stade* au Palatin, n'oubliez pas non plus de vous arrêter à un certain point, là où l'on voit à droite le *Stade* et à gauche le hideux gazomètre, et de lorgner au loin les murs du Vatican inondés du soleil : vous aurez peut-être alors quelque chose de mieux que toute gravure. Votre regard embrassera d'en haut tout l'intérieur du palais pontifical depuis la cour d& Saint-Damase jusqu'à l'abside gigantesque du Belvédère ; il pourra facilement faire abstraction des bâtisses de travers (la bibliothèque et le *Braccio nuovo*), et mesurer l'étendue de trois cents mètres parcourue jadis par chacune des galeries latérales du maître Donato. Le *nicchione*, — auquel toute perspective a été retirée dans le *giardino della pigna* avec la suppression de la cour du carrousel, — le *nicchione*, lui aussi, vous apparaîtra d'ici dans une élévation et une majesté que vous ne lui soupçonniez guère : il a à sa droite la coupole de Saint-Pierre, et il ne souffre pas d'un tel voisinage…

Comme le « portique de Jules, » le Belvédère lui-même ne possède plus aujourd'hui qu'un seul vestige de l'activité de Bramante sur ces lieux : le fameux *escalier tournant* qui, de la salle de Méléagre, descend en spirale jusqu'en bas, tout près du mur extérieur du Vatican ; construit en pente douce et large, il permettait au pape et à ses hôtes d'arriver sans fatigue, à dos de cheval, aux appartements d'en haut [16]. Les contemporains parlent de plusieurs salles magnifiques dans l'intérieur du pavillon, d'un « lieu désigné pour le conclave » et ainsi de suite ; mais tout s'effaçait devant le *viridarium*, à l'entrée duquel, du côté du vestibule, on lisait les mots : *procul este profani* ! .. C'était en effet le sanctuaire par excellence : il demandait à être approché avec recueillement ; il avait ses chapelles (*cappellette*), j'allais dire ses divinités. Au milieu d'arbustes, d'orangers, de grenadiers et de lauriers qu'arrosait une fontaine jaillissante, se trouvaient là réunis les plus beaux marbres alors connus de l'antiquité. On y voyait, placés dans des « chapelles » ou ombragés seulement par la verdure, l'Apollon, le Laocoon, la « Cléopâtre » (Ariane), l'Hercule avec l'enfant (ainsi bien désigné d'abord ; les pédants ne tarderont pas à faire de lui un « Commodus »), l'Antée aussi, que Michel-Ange a si hautement estimé et qu'il faut maintenant aller chercher dans la cour du palais Pitti, à Florence, le Tibre enfin qui, depuis le premier empire, n'a cessé de faire l'ornement de l'une des salles du Louvre. Quelques-unes de ces œuvres, — ne l'oublions pas ! — seront pour les trois siècles à venir les chefs-d'œuvre suprêmes de la grande statuaire antique ; Winckelmann et Goethe ne connaîtront encore rien qui leur soit supérieur ; elles trôneront sans rival dans le royaume du beau absolu jusqu'à l'avènement des marbres d'Elgin et de la Vénus de Milo... Il y avait également une Vénus dans ce sanctuaire, une *Venus Félix* très exaltée, — appelée même la « Vénus du Belvédère » à l'instar de l'Apollon ; — mais cette statue bien médiocre ne méritait ni cet excès d'enthousiasme ni même l'honneur de figurer dans une telle place. Des vases, des sarcophages (l'un avec des prisonniers barbares, l'autre avec des amazones), des masques (au nombre de treize et qu'on disait provenir du Panthéon) complétaient la décoration de ce « verger » de Jules II [17], où Buonarroti et Raphaël ont certainement passé plus d'une heure d'études et de méditations.

Dans mes excursions si fréquentes au musée Vatican, j'aime parfois à me représenter le Belvédère tel que l'avait arrangé Bramante pour le pontife mécène. Je vois entrer Jules II par la porte de l'escalier tournant, en s'appuyant d'une main sur sa béquille, et de l'autre sur l'épaule de son architecte favori et surintendant des arts. Il s'arrête un moment dans le *vestibolo rotondo* et jouît au balcon de la vue incomparable sur la ville, le château d'Ange, les monts à l'horizon et la grande trouée de Praeneste. Dans le *viridarium*, il contemple longtemps l'Apollon et le Laocoon, auxquels son nom restera pour toujours attaché, et félicite le vieux Urbinate sur l'élégant arrangement de leurs *cappellette*. Au sortir de ce musée, unique au monde, il se dirige vers le jardin et se place sous le *nicchione*. Le vaste parallélogramme de verdure s'étend devant lui ; plus loin, en bas, le regard plonge dans le splendide amphithéâtre avec l'hémicycle au bout ; à gauche, la prodigieuse galerie d'arcades, qui de la cour de Saint-Damase va jusqu'au Belvédère, est presque finie, et tout fait espérer que la galerie correspondante de droite viendra bientôt fermer l'ensemble de ces constructions féeriques. Jules II est heureux : il jouit de ces « belles choses » comme les Italiens de son temps savaient seuls en jouir, et il pense à cette postérité qui ne pourra guère ne pas se souvenir de lui et de son œuvre. Tout à coup il se redresse, fixe sur maître Donato ses yeux perçants : « Et Saint-Pierre ? » demande-t-il d'une voix hésitante. A cette question, les deux vieillards baissent la tête, et un nuage passe sur leur front : ils savent bien qu'ils ne verront pas l'achèvement de l'immense basilique…

Mais non, je me trompe, et je prête gratuitement notre mélancolie et notre sentimentalité à ces Italiens du *rinascimento* qui ne connurent que la joie de vivre : vivre par les sensations et revivre par la gloire, par le renom qu'on laisse après soi ! .. A cette question sur Saint-Pierre, Bramante aura probablement fait un geste nonchalant en épicurien avisé, et le Rovere aura lancé un de ses gros jurons. Il jurait comme un lansquenet, le *pontefice terribile*, et jetait même sa béquille après les gens qui s'enfuyaient devant ses grands éclats de colère. Cela lui est arrivé positivement un jour avec Michel-Ange.

IX. — MIRABILIA (1509).

Le 31 décembre 1494, le roi Charles VIII de France entrait dans la ville éternelle à la tête de ses Suisses, de ses Gascons, et de ses nombreux gens d'armes « ayant chacun derrière son page et deux varlets. » Le roi très chrétien qui, déjà à quatorze ans, avait demandé qu'on lui fît venir *un portrait de Rome*, crut maintenant devoir gratifier à son tour d'un tel « portrait » ses amés et féaux sujets en France. Il expédia en plein hiver une feuille ayant pour titre *les Merveilles de Rome*, avec ordre de l'imprimer et de la distribuer dans la capitale ; et voici ce que les bons bourgeois de Paris pouvaient lire, entre autres choses, dans cet étrange bulletin de la grande armée :

Des palais des empereurs. Le palais Romulus, entre Sainte-Marie-Neufve et Sainct-Cosme, sont six maisons de pitié et concorde ; là où Romulus mit sa statue, disant : Ceste statue ne cherra jusques que la Vierge ait enfanté. Aussi incontinent que la bénoiste Vierge eût enfanté, ladite statue tumba.

Du Capitole. Capitole est dit, car il estoit chef de tout le monde, auquel les consuls et sénateurs demouroient pour conseiller la cité. Duquel la face estoit couverte de beaulz murs d'or, et tout par tout couvert de vitres et d'or. Dedans le Capitole estoit une grande partie du palais d'or aorné de pierres précieuses, et estoit dit valoir la tierce partie du monde : ouque estoient autant de statues d'ymages qu'ilz sont au monde de provinces ; et avoit chacune ymage ung tabourin au col disposé par art mathématique si, que quand aucune région se rebelloit contre les Romains, incontinent l'ymage de cette province tournoit le dos à l'ymage de la cité de Romme qui estoit la plus grande sur toutes les autres comme dame, et le tabourin qu'elle avoit au col sonnoit. Et adonc les gardes du Capitole le disoient au sénat, et incontinent ilz envoyoient gens pour expugner la province.

Des cheaulx de marbre [18]. Les cheaulx de marbre et hommes nuz dénotent que au temps de l'empereur Tyberii furent deux jeunes philosophes, c'est assavoir Praxiteles et Phitias, qui se dirent estre de si grande sapience, que quelque chose que l'empereur, eulx absens, diroit dans sa chambre, ilz le rapporteroient de mot en mot. Laquelle chose ilz firent ainsi qu'ilz dirent. Et de ce ne demandèrent pas de pécune, mais mémoire perpétuelle, si que les philosophes auroient deux cheaulx de marbre touchant à terre, qui dénotent les princes de ce siècle ; et qu'ilz sont nuz auprès des cheaulx dénote que les bras hautx et estenduz et les doyts reployez racontoient les choses advenir ; et ainsi comme ilz sont nuz, aussi la science de ce monde en leurs entendements estoit nue et ouverte.

Ces belles choses n'étaient pourtant pas, disons-le tout de suite, d'invention française ; les grands clercs de l'entourage de Charles

VIII se sont bornés à traduire les passages principaux d'un écrit très en vogue sur les bords du Tibre depuis bien des siècles. Dès les premiers temps du moyen âge, la ville aux sept collines a eu ses *Bœdeker* et ses *Murray* qui, sous le titre de *Regionaria, Graphia, Mirabilia*, offraient au pèlerin les descriptions les plus fantastiques des endroits qu'il était venu visiter, faisaient briller devant ses yeux une Rome imaginaire, « une Rome vue au clair de lune, » aux lueurs d'une érudition et d'une poésie étrangement embrouillées et enfantines. Le bizarre, c'est qu'on continuait à lire avidement ces écrits, le regard attaché sur les lieux qui démentaient la description, et que l'imprimerie naissante multipliait les éditions de ces étranges *guides* à une époque où les grands travaux de Flavio Biondo avaient déjà mis les Ion démens d'une astigraphie rationnelle et savante. J'ai vu de ces *Mirabilia* imprimés ici, encore en 1499, 1500, et même aussi tard qu'en 1511.

Qu'un esprit éveillé ait eu dès lors la pensée de publier enfin un *guide* moins absurde, des *Mirabilia* « corrigés de toutes ces fables ineptes (*fabularum nugœ*), » il n'y a là certes rien qui puisse étonner. L'originalité, le vrai mérite du bon chanoine Albertini, c'a été de reconnaître qu'à côté de l'ancienne ville, tant célébrée par les descriptions précédentes, il en avait surgi depuis cinquante ans une toute nouvelle, également digne d'être connue. Le livre de Francesco Albertini porte le titre significatif : *Opusculum de mirabilibus novœ et veteris urbis Romœ* [19].

Il est dédié à Jules II, et le pape y est apostrophé directement et à tout propos : « Sixte IV a commencé la restauration de la ville ; ses successeurs se sont efforcés de l'imiter ; mais ta sainteté a dépassé en peu de temps Sixte, aussi bien que ceux qui sont venus après lui. » L'opuscule continue sur ce ton : involontairement on pense à ces *Économies royales*, où Sully se laisse raconter et *ramentevoir* par ses quatre secrétaires les faits et gestes de sa vie. Nous sommes encore aux temps heureux et faciles du règne, avant la grande tourmente de Cambrai et de la sainte ligue : le Rovere jouit en paix de ses victoires et conquêtes, et dans le chapitre consacré aux triomphateurs de l'antiquité (*de nonnullis triumphantibus*), notre auteur n'a garde d'oublier la fameuse entrée du pape dans la cité éternelle après la foudroyante campagne de Pérouse et de Bologne. Arrivé enfin à la troisième et dernière partie de son

écrit, le chanoine passe en revue les monuments de la *nova urbs* :
les églises et les chapelles ; les palais pontificaux, le *Belvidere*, le
château d'Ange et la Monnaie ; les hôpitaux et les bibliothèques ;
les portiques, les rues et les places ; les fontaines et les ponts (*de
fontibus et pontibus*), etc. Chemin faisant, il note telle fresque de
fra Angelico et de Botticelli, du Pérugin et de Pinturicchio, telles
statues célèbres : l'Apollon, le Laocoon, l'Antée, les Trois Grâces
(alors déjà transportées à Sienne). Florentin de naissance, élève
même de Ghirlandajo dans sa première jeunesse, Albertini a un
goût prononcé pour les arts [20] ; mais dans ses *Mirabilia* il s'interdit
toute appréciation développée : ce n'est pas un tableau qu'il prétend
donner, c'est un simple inventaire qu'il dresse, et il le fait d'un style
sobre et sec, avec une monotonie fatigante. Rien pourtant qu'à ce
seul dénombrement, on reçoit la très vive impression des immenses
travaux accomplis dans la ville éternelle depuis un demi-siècle, et
la Rome des Rovere apparaît devant nos yeux en toute ampleur et
magnificence.

Un chapitre spécial, intitulé *de Domibus cardinalium*, nous fait
aussi voir combien vite, sous l'impulsion donnée principalement
par les deux pontifes liguriens, tous ceux qui de près ou de loin
tenaient au Vatican, — prélats, hauts dignitaires, banquiers
apostoliques, — se sont mis à bâtir de vastes habitations, des
demeures monumentales, et à les orner avec un luxe intelligent.
D'abord adossés à des églises (S. Marc, Santi-Apostoli, San-
Damaso), faisant corps avec elles et comme abrités sous leur ombre,
ces hôtels cardinalices ne tardent pas à s'émanciper, à faire litière
de toute fausse pudeur ecclésiastique et à devenir franchement des
résidences fastueuses, princières. Les palais de Venise, Colonna,
Doria-Pamfili, Madama, Sforza-Cesarini, Giraud-Torlonia, de
Penitentieri, la Cancelleria, la Farnesina, etc. : nous les trouvons
déjà tous [21] dans ce chapitre de l'*Opusculum*, sous leurs noms d'alors
naturellement, noms empruntés tantôt à l'église qui avoisinait le
palais, tantôt au puissant personnage qui l'a fondé ou y habitait.
Naturellement aussi, ces édifices présentaient au commencement
du XVIe siècle un aspect parfois bien différent de celui qu'ils ont
aujourd'hui après maintes réparations et réfections. Les façades
surtout [22] étaient alors généralement décorées ; sur un fond sombre
relevé par des lisérés plus clairs s'y étalaient en *graffito* des figures

géométriques, des feuillages et d'autres motifs délicats. — Nombre des *domus cardinalium* sont accompagnés dans notre opuscule de la remarque : *statuis exornata, multis marmoribus suffulta* ; dans telle halle, il est noté des sarcophages avec des sculptures représentant les travaux d'Hercule, dans tel *viridarium* des vases avec des reliefs figurant un sacrifice et le rapt des Sabines. Nous sommes bien loin de l'indifférence en matière d'antiquités que déplorait Poggio vers le milieu du siècle précédent ; nous nous doutons à quel point depuis ce temps le sol de Rome et de la *campagna* a dû être fouillé et retourné à la recherche des *anticaglie* ; nous saisissons aussi sur le vif les origines de ce « peuple de marbre » qui remplit de nos jours les salles immenses du Vatican.

Rencontre singulière, au même moment où un Florentin à l'esprit délié et généreux signale ainsi au monde les merveilles de la *nova urbs* et exalte ses destinées futures, un Romain de vieille roche et de haute lignée ne peut se consoler de l'abaissement de sa cité natale et de son irrémédiable décadence ! Marc-Antonio Altieri [23] appartient par ses relations de famille et de société à cette caste seigneuriale des monts Sabins et Albains, qui, durant des siècles, n'a fait que terroriser les papes, pressurer le peuple et se détruire elle-même dans des luttes sans pitié et sans idée. En 1511, Altieri joindra encore les Colonna, Orsini, Savelli, etc., dans leur folle entreprise pour a le rétablissement des antiques libertés au Capitole ; » en attendant, dans ces années 1506 à 1509, il emploie ses loisirs à composer un écrit aussi bizarre de style (italien) que de teneur et de tendance, mais qui, à son moment, a dû jouir d'une certaine vogue, puisqu'on en trouve de très nombreuses copies dans les diverses bibliothèques de la péninsule. Il est question de tout dans cette élucubration décousue, et surtout des malheurs et des misères du temps… « Rome, autrefois reine de l'univers, est tellement déchue aujourd'hui, que ses habitants eux-mêmes ne voient plus en elle qu'une caverne sombre et horrible. Combien de familles jadis riches, puissantes, illustres et maintenant ou complètement extirpées ou à moitié annihilées ! Combien de demeures, jadis fondées pour le plaisir des gens de qualité (*per la recreatione de' gentilhomini*), et, à l'heure qu'il est, disparues ; à peine reconnaît-on la trace de leurs anciennes halles ! Mais, que parlons-nous des palais : il suffit de jeter un regard sur des quartiers entiers ! .. » Un des interlocuteurs, Pierleone (car les *Nuptiali* sont en forme de dialogue, et les *dramatis personœ* tiennent à la plus haute noblesse de la ville), rappelle que sa *casa* est alliée à la maison d'Autriche, et qu'au XIe siècle elle a étendu son bras protecteur sur le pape Urbain contre des forces ennemies redoutables. Capoccia n'est pas en reste de glorification au sujet de ses ancêtres, et Marc-Antonio lui-même fait, sous ce rapport, violence à sa modestie ; mais il se dit tellement *desgratiato*, que pour *vivattare*, il en est réduit à s'occuper de la culture des champs et « à traiter (tourment suprême !) d'affaires rustiques avec bien des personnes abjectes et viles… Pindare l'a déjà proclamé, que contre le *fatum* ne prévaut ni conseil, ni effort humain, ni feu ardent, ni mur d'airain… »

Ces barons romains du XVe siècle n'ont pas eu le génie ou l'adresse de leurs contemporains Sforza, Malatesta, Bentivogli, etc. ; ils n'ont pas songé à couvrir leurs nudités morales de la pourpre éblouissante du *rinascimento*. Dans leurs castels de Marino et leurs donjons de Monte-Giordano, ils continuaient à combiner, comme par le passé, des actes de violence et des coups de *condottieri*, pendant que les Barbo et Grimani de Venise, les Rovere et Riari de Gênes, les Medici et Soderini de Florence, les Piccolomini et Chigi de Sienne, les Castellesi de Corneto, les Carafa de Naples, les Borgia d'Espagne, les Estouteville de France, se construisaient des palais et des musées dans la *nova urbs*, et que le plus illustre parmi ces intrus, un roturier de la Ligurie, un « fils de paysan, » faisait rebâtir Saint-Pierre, peindre la *Genèse* et la *Dispute*.

Albertini ne parle pas de la *Dispute du Saint-Sacrement* et ne fait pas même mention du nom de Raphaël. Il nous dit bien que Michel-Ange exécute de belles peintures dans l'oratoire de Sixte IV, mais n'en indique pas d'un seul mot le sujet qu'il ignore très probablement. L'*Opusculum* du Florentin porte, à sa dernière page, la date du 3 juin 1509 ; à cette date, le jeune Santi n'en est qu'au début de ses travaux dans la *Stanza della Segnatura*, et Buonarroti reste toujours enfermé dans sa mystérieuse chapelle dont il défend sévèrement l'entrée aux profanes. Je doute aussi qu'à ce moment les quatre énormes piliers de Bramante (l'excellent chanoine les voit déjà « toucher au ciel ! ») se soient élevés très haut au-dessus du sol… Les plus grands *mirabilia novœ urbis* sont encore à venir.

Notes

1.   Voyez la Revue du 1er février et du 1er mars.

2.   « D. O. M. Ascanio Mariæ Sfortiæ Vicecomiti… Diacono card. S. R. E. vicecancellario… In secundis rebus moderato, in adversis sunimo viro… Julius II pontifex maximus, virtutum memor honestissimarum, contentionum oblitus, sacello a fundamentis erecto posuit M. D. V. »

3.   La chronologie de ces travaux dans le chœur de Santa-Maria del Popolo est très bien établie par M. Schmarsow (Pinturicchio in Rom, p. 82 seq.) ; toutefois le millesime 1505 sur le monument de Sforza indique seulement la date du décès du cardinal. Andréa n'est venu à Rome qu'en 1506. (Voy. Vasari, éd. Milanesi, IV, p. 515.)

4.   Ici, comme sur les monuments de Sforza et de Basso, le millésime (1504) indique seulement la date du décès.

5.   La statue du duc Giuliano dans la chapelle mortuaire de San-Lorenzo était finie déjà au commencement de 1526, ainsi qu'en témoigne la lettre à Fattucci du 26 avril 1526. (Lettere di Michel Angelo, éd. Milanesi, p. 425.)

6.   Je crois devoir relever le passage suivant, trop peu remarqué en général, dans une lettre écrite par Vasari à Lionardo Buonarroti, le 18 mars 1564, trois semaines après la mort de Michel-Ange (Carte inédite Michelangiolesche, Milan, Daelli. 1865, p. 55) : « Quand je réfléchis que Michel-Ange affirmait, comme le savent bien aussi Daniele (da Volterra), messer Tommaso dei Cavalieri et beaucoup d'autres de ses amis, qu'il destinait la Pietà aux cinq (quatre) figures pour son tombeau, je pense que son héritier doit rechercher comment elle est devenue la propriété de Bandini. En outre, il y a dans le groupe un vieillard qui représente la personne du sculpteur. Je vous conjure donc de prendre des mesures pour ravoir la Pietà, etc. »

7.   Il protégeait des Toscans comme Contucci, Signorelli, des Lombards, comme Caradosso, etc. C'est à tort, je crois, qu'on veut voir en lui le chef d'un parti « urbinate » à Rome.

8.   Dans plusieurs ouvrages récens, il est parlé parfois d'une

courte excursion de Bramante à Rome dans l'année 1493. Cette prétendue excursion n'a été inventée que pour pouvoir lui attribuer la construction ou du moins le dessin de la Cancellerja, qui porte sur la façade la date de 1494 (et qui a même porté autrefois celle de 1489). M. D. Gnoli, l'éminent directeur de l'Archivio storico dell' arte (Rome, 1892), vient de démontrer par des argumens irréfutables que la Cancelleria (pas plus que le palais Giraud au Borgonuovo) n'est pas l'œuvre de Bramante, qui n'est jamais venu à Rome avant la chute du Sforza. En débrouillant d'une façon lumineuse cette question de la Cancelleria, M. Gnoli a rendu un service signalé à l'histoire de l'art.

9.   Le couronnement de la coupole n'est pas de Bramante : il l'avait projeté beaucoup plus haut et svelte, en forme de candélabre.

10.   Epigrammata, IV, 64.

11.   La statue de Pasquino, maintenant au coin du palais Braschi, était jadis à la Piazza Navone près la demeure de Carafa, et la base, avec l'inscription Oliverii Carafa beneficio hic sum MDI, s'y trouve encore aujourd'hui. Le cardinal Oliviero a présidé aux premières fêtes de Pasquino, qui à l'origine (comme l'a démontré dernièrement M. D. Gnoli dans un très intéressant écrit) étaient des jeux innocens d'humanistes, poétiques et rhétoriques. On sait que la statue vient d'un groupe représentant Ajax avec le corps d'Achille, d'un magnifique travail grec horriblement mutilé. Michel-Ange mettait le Pasquino au premier rang de la statuaire antique connue ; Bernini le déclarait simplement le plus beau marbre de Rome.

12.   San-Biagio, on le sait, n'a pas été achevé. Les dernières traces de la construction (les fondemens aux puissants bossages) viennent de disparaître tout récemment à la suite des travaux entrepris le long du Tibre.

13.   Il protège, dit-on, les peintures de Raphaël, Giovanni da Udine, etc. ; mais les carreaux ne pourraient-ils être, dans tous les cas, moins petits et déplaisans ?

14.   On voit quelques traces de ces fresques dans l'ancienne chapelle du pavillon, actuellement la Sala dei busti.

15.   Voyez, entre autres, la gravure conservée à la bibliothèque Corsini et représentant un pareil tournoi en 1565 ; elle donne

l'idée du cortile de Bramante, et a été consultée par Bunsen, Beschreibung, II, I, p. 235.

16.   Albertini parle de plusieurs faciles ascensus, au Vatican, ut ad summitatem usque tecti possit equitari, aussi bien qu'au Belvédère, adeo quod equester per latum et altum parietem tripliciter ab uno palatio ad aliud pervenitur. Bramante semble avoir eu de la prédilection pour ce genre de montées. Son magnifique escalier au palais della Signoria à Bologne appartient à la même catégorie. Il n'est pas peut-être hors de propos de rappeler ici le passage déjà cité du pamphlet Simia, où maître Donato déclare vouloir construire une route au ciel, « si large et si douce que les âmes des faibles et des vieux pourraient y arriver à cheval… »

17.   A l'exception de l'Antée et du Tibre, tous les marbres qui ont été énumérés ici sont encore aujourd'hui au Vatican : la Vénus Félix et les deux sarcophages dans le pourtour du cortile (n° 42, 39 et 69) ; l'Hercule avec l'enfant (Télèphe) dans la galerie Chiaramonti (XXVI, n° 636) ; les masques dans le cortile même en haut, ainsi que dans la salle des Animaux et celle de Méléagre. — La Cléopâtre (Ariane) et le Tibre ne sont parvenus au viridarium qu'en 1511 et 1512, mais toujours sous Jules II, — Le Tibre est évidemment le pendant du Nil et a été même trouvé dans son voisinage, près Santa-Maria-sopra-Minerva ; il ne semble pas toutefois que le Nil ait été retiré, déjà sous le pontificat du Rovere, de l'endroit où il a été enfoui du temps du Poge, ce qui a lieu d'étonner, d'autant plus qu'Albertini connaît et cite le récit du Poge. — Pour reconstruire le « verger » de Jules II, il faut consulter le contemporain Albertini et les lettres des envoyés mantouans à Elisabeth Gonzague que M. A. Luzio a publiées dans son intéressante étude sur a Frédéric Gonzague otage à la cour de Jules II. » M. Michaelis n'a point connu les documens publiés par M. Luzio : de là quelques-unes de ses méprises (surtout au sujet du Tibre) dans son essai d'ailleurs si remarquable et plein de renseignemens sur l'histoire des.statues du Vatican (Jahrb. deutsch. archœolog. Instituts, 1890 ; V, I.)

18.   Les Dioscures du Monte-Cavallo.

19.   L'ouvrage a été composé de 1506 à 1509 ; la première édition connue est de 1510, Rome, Mazocchi. M. A. Schmarsow

a publié, en 1886, une élégante et portative édition du troisième livre, celui qui traite de la Nova urbs.

20.   On a de lui aussi un Memorie di molte statue e picture che sono nella inclyta Cipta di Fiorentia (Florence, 1510), qui est une source précieuse pour l'histoire de l'art en Italie. Il a, de plus, écrit un petit livre sur la musique.

21.   Albertini en mentionne d'autres qui depuis ont disparu, par exemple, le palais Piccolomini (Sant' Andrea della Valle) ; il en omet aussi plusieurs, et de très considérables, comme les palais des cardinaux Capranica, Ascanio Sforza, Nardini.

22.   Aussi bien que les cortili à l'intérieur ; dans la cour de' Penitentieri (autrefois palais de Domenico della Rovere), on peut voir encore aujourd'hui les traces d'une décoration semblable.

23.   Li Nuptiali di Marco Antonio Altieri, éd. Narducci, Rome, 1873. L'éditeur a très bien établi que l'écrit a été confectionné de 1506 à 1509 ; c'est exactement à la même époque que le chanoine florentin a composé son Opusculum.

ISBN : 978-1981657254

www.ingramcontent.com/pod-product-compliance
Lightning Source LLC
Chambersburg PA
CBHW051326220526
45468CB00004B/1511